Les voix du soir

Du même auteur

Les Petites Vertus, Paris, Flammarion, 1964
et Ypsilon, 2018

Les Mots de la tribu, Grasset, 1968,
nouvelle édition 1992

Je t'écris pour te dire, Flammarion, 1974

Bourgeoisies, Denoël, 1980

La Route qui mène à la ville, Denoël, 1983

Ne me demande jamais, Denoël, 1985

La Ville et la maison, Denoël, 1988

La Mère : nouvelles, Maren Sell, Calmann-Lévy, 1993

La Mère, Le Serpent à plumes, 1999

C'est ainsi que cela s'est passé, Denoël, 2017

Tous nos hiers, Liana Levi, 2003, nouvelle édition 2019
(« Piccolo » inédit n° 19)

Natalia Ginzburg

Les voix du soir

Traduit de l'italien
par Nathalie Bauer

LIANA LEVI *piccolo*

Ce livre a été traduit grâce à une contribution
à la traduction attribuée par le ministère des Affaires
étrangères et de la coopération internationale italien /
Questo libro è stato tradotto grazie a un contributo alla
traduzione assegnato dal Ministero degli Affari Esteri
e della Cooperazione Internazionale italiano

Titre original : *Le voci della sera*

ISBN : 979-10-349-0206-4

www.lianalevi.fr

À Gabriele

Dans ce roman, lieux et personnages relèvent de l'imagination. Les premiers ne se trouvent pas sur une carte géographique, les seconds ne vivent ni n'ont jamais vécu nulle part.

Je regrette de le dire, car je les ai aimés comme s'ils étaient réels.

J'avais accompagné ma mère chez le médecin ; nous rentrions à la maison par le sentier qui longe le bois du général Sartorio, puis le grand mur moussu de la villa des Bottiglia.

En ce mois d'octobre, il commençait à faire froid ; les réverbères venaient de s'allumer dans le village, derrière nous, et le globe bleu de l'hôtel Concordia projetait une lumière vitreuse sur la place déserte.

Ma mère a dit : « J'ai l'impression d'avoir un noyau dans la gorge. J'ai mal quand j'avale. »

Elle a dit : « Bonsoir, général. »

Le général Sartorio était passé près de nous, son chapeau soulevé sur sa tête argentée et bouclée, un monocle à l'œil, son chien en laisse.

Ma mère a dit : « Quelle belle chevelure il a encore, à son âge ! »

Elle a dit : « Tu as vu comme son chien est devenu laid ?

« Maintenant j'ai comme un goût de vinaigre dans la gorge. Et toujours ce nœud qui me fait mal.

« C'est étrange qu'il m'ait trouvé une tension élevée. Elle a toujours été basse. »

Elle a dit : « Bonsoir, Gigi. »

Le fils du général Sartorio nous avait croisées, un duffle-coat blanc posé sur les épaules ; il tenait sur un bras un saladier recouvert d'une serviette ; l'autre bras était plâtré et fléchi vers l'extérieur.

« Il a vraiment fait une mauvaise chute. Je me demande s'il pourra un jour récupérer entièrement l'usage de son bras », a dit ma mère.

Elle a dit : « Que pouvait-il avoir dans ce saladier ?

« Il y a sûrement une fête, a-t-elle dit ensuite. Sans doute chez les Terenzi. Les invités doivent apporter quelque chose. Ça se fait maintenant. »

Elle a dit : « Toi, ils ne t'invitent jamais ?

« Ils ne t'invitent jamais, a-t-elle dit, parce qu'ils trouvent que tu te donnes de grands airs. Tu ne vas même plus au club de tennis. Quand une personne évite de se montrer, on raconte qu'elle se donne de grands airs et on cesse de la contacter. Les petites Bottiglia, elles, sont invitées partout. Avant-hier, elles ont dansé chez les Terenzi jusqu'à trois heures du matin. Il y avait des gens d'ailleurs et même un Chinois. »

Chez nous, on appelle les petites Bottiglia « les petites », bien que la plus jeune ait vingt-neuf ans.

Elle a dit : « Je n'ai tout de même pas de l'artériosclérose ? »

Elle a dit : « Peut-on faire confiance à ce nouveau médecin ? Le vieux était vieux, bien sûr, ça ne l'intéressait plus. Quand on lui parlait d'un trouble, il répliquait immédiatement qu'il avait le même. Ce nouveau médecin écrit tout, tu as vu ça ? Et son épouse est laide, tu as vu ça ? »

Elle a dit : « Comment se fait-il qu'on ne puisse jamais te tirer le moindre mot ?

– Quelle épouse ? ai-je dit.

– L'épouse du médecin.

– La femme qui nous a ouvert n'était pas son épouse, ai-je dit. C'était l'infirmière. La fille du tailleur de Castello. Tu ne l'as pas reconnue ?

– La fille du tailleur de Castello ? Ce qu'elle est moche…

« Comment se fait-il qu'elle n'avait pas de blouse ? a-t-elle dit. C'est sûrement sa domestique, pas son infirmière, voilà.

– Elle n'avait pas de blouse parce qu'elle l'avait ôtée, parce qu'elle s'apprêtait à partir, ai-je dit. Le médecin n'a ni domestique, ni épouse. Il est célibataire et il prend ses repas au Concordia.

– Il est célibataire ? »

Aussitôt ma mère m'a mariée en pensée au médecin.

« Je me demande s'il se plaît davantage ici qu'à Cignano où il exerçait avant. Sans doute à Cignano. Il y a plus de gens, plus de vie. Nous devrions l'inviter un jour à déjeuner. Avec Gigi Sartorio.

– Il a une fiancée à Cignano, ai-je dit. Il l'épousera au printemps.

– Qui ?
– Le médecin.
– Si jeune et déjà fiancé ? »

Nous parcourions l'allée de notre jardin, tapissée de feuilles mortes ; on voyait la fenêtre de la cuisine éclairée et notre domestique, Antonia, qui battait des œufs.

Ma mère a dit : « Le nœud dans ma gorge s'est desséché, il a cessé de monter et de descendre. »

Elle s'est assise en soupirant dans l'entrée et s'est mise à taper ses galoches l'une contre l'autre pour en ôter la boue ; mon père est apparu sur le seuil de son bureau avec sa pipe et sa veste d'intérieur en laine des Pyrénées.

« J'ai la tension élevée, a dit ma mère avec un brin de fierté.

– Élevée ? a dit tante Ottavia, du haut de l'escalier, tout en fixant sur sa tête ses deux petites tresses noires, aussi laineuses que celles d'une poupée.

– Élevée. Pas basse. Élevée. »

Tante Ottavia avait une joue rouge et l'autre pâle, comme chaque fois qu'elle s'endort dans un fauteuil près du poêle avec un livre de la bibliothèque Selecta.

« On est venu chercher de la farine, de chez les Bottiglia, a dit Antonia à la porte de la cuisine. Pour faire des choux à la crème. J'en ai donné un grand bol.

– Encore ? Ils n'ont jamais de farine. Ils auraient pu se passer de choux. Le soir, les choux sont lourds.

– Pas si lourds que ça, a dit tante Ottavia.

– Les choux sont lourds. »

Ma mère a enlevé son chapeau, son pardessus, une doublure en peau de chat qu'elle porte toujours dessous, enfin le châle qu'elle attache sur sa poitrine au moyen d'une épingle à nourrice.

« Ils ont peut-être préparé des choux pour la fête qui a sans doute lieu ce soir chez les Terenzi, a-t-elle dit. Nous avons vu Gigi Sartorio avec un saladier. Qui est venu demander de la farine ? Carola ? Elle ne t'a pas parlé d'une fête ?

– Elle ne m'a parlé de rien », a dit Antonia.

Je suis montée dans ma chambre. Ma chambre est située au dernier étage et donne sur la campagne. Le soir, on distingue au loin les lumières de Castello et, en haut, sur une bosse de la colline, les quelques lumières de Castel Piccolo ; de l'autre côté de la colline, se trouve la ville.

Ma chambre est meublée d'un lit à baldaquin aux rideaux de mousseline ; d'un petit fauteuil bas en velours gris souris ; d'une commode avec miroir et d'un secrétaire en cerisier. Il y a aussi un poêle en faïence marron et quelques bûches dans un panier ; une étagère tournante, surmontée d'un loup en plâtre, œuvre du fils de notre fermier, qui est à l'asile d'aliénés ; au mur, une reproduction de la Vierge à la chaise, une vue de Saint-Marc et une grande poche en dentelle pour les bas, ornée de nœuds d'amour bleu pâle, cadeau de madame Bottiglia.

J'ai vingt-sept ans.

J'ai une sœur un peu plus âgée que moi, mariée à Johannesburg ; ma mère lit toujours les journaux pour voir si l'on y parle de l'Afrique du Sud, inquiète de ce qui s'y passe. Elle se réveille la nuit et dit à mon père :

« Les sauvages ne vont quand même pas débarquer là où vit Teresita, hein ? »

J'ai un frère un peu plus jeune que moi, qui travaille au Venezuela ; il y a encore, dans la penderie, ses masques d'escrime et de plongée, ainsi que ses gants de boxe, car il était sportif dans sa jeunesse ; et quand on ouvre toute grande l'armoire, les gants de boxe vous tombent sur la tête.

Ma mère se plaint sans cesse de l'éloignement de ses enfants ; elle va souvent pleurer chez son amie, madame Ninetta Bottiglia.

Ce sont, là aussi, des larmes qu'elle aime un peu verser, parce que ce sont des larmes qui la flattent un peu, des larmes auxquelles se mêle la fierté d'avoir jeté son pollen dans des lieux reculés et dangereux. Mais elle éprouve un chagrin encore plus vif à l'idée que je ne me marie pas, et ce chagrin l'humilie, il ne trouve remède que dans le fait qu'à l'âge de trente ans les petites Bottiglia ne sont pas non plus mariées.

Longtemps ma mère a caressé le rêve que j'épouse le fils du général Sartorio, rêve qui s'est dissipé le jour où on lui a rapporté que le fils du général Sartorio est morphinomane et qu'il ne s'intéresse pas aux femmes.

Toutefois il lui arrive encore d'y penser ; elle se réveille en pleine nuit et dit à mon père :

« Il faudra que nous invitions à déjeuner le fils du général Sartorio. »

Et elle dit : « Tu crois que c'est un dépravé ? »

Mon père dit : « Qu'est-ce que j'en sais ?

– On raconte ça sur le compte d'un tas de gens et on l'a certainement raconté au sujet de notre Giampiero.

– C'est probable, dit mon père.

– Probable ? Comment ça probable ? On a raconté ça ?

– Qu'est-ce que j'en sais ?

– Qui a pu raconter ça au sujet de mon Giampiero ? »

Nous habitons ici depuis de nombreuses années. Mon père est le notaire de l'usine. Maître Bottiglia est l'administrateur de l'usine. Tout le village vit en fonction de l'usine.

L'usine fabrique des tissus.

Elle dégage une odeur qui remplit les rues et qui, les jours de sirocco, se répand presque jusqu'à notre maison, pourtant en pleine campagne. Cette odeur évoque tantôt l'œuf pourri, tantôt le lait caillé. Il n'y a rien à faire, c'est à cause des acides qu'on y emploie, dit mon père.

Les De Francisci sont les propriétaires de l'usine.

Le vieux De Francisci était surnommé le vieux Bouboule. Petit et gros, il avait un énorme ventre rond qui débordait de son pantalon et une grosse moustache tombante jaunie par le cigare qu'il mordait et suçait. Il a commencé par une baraque pas plus grande que d'ici à là, rapporte mon père. Il se promenait à vélo avec un vieux sac à dos militaire contenant son repas et mangeait au soleil, appuyé à un mur de la cour, couvrant sa veste de miettes et buvant le vin au goulot de la bouteille. Ce mur existe toujours, on l'appelle le mur du vieux Bouboule, car, le soir, après le travail, il se tenait là, sa casquette tournée vers l'arrière, fumant le cigare et bavardant avec les ouvriers.

Mon père dit: «Du temps du vieux Bouboule, certaines choses ne se produisaient pas.»

Le vieux Bouboule était socialiste. Il le resta jusqu'au bout, même si, sous le fascisme, il avait perdu l'habitude de dire tout haut ce qu'il pensait. Mais, les derniers temps, il était d'humeur mélancolique et farouche; le matin, à son lever, il humait l'air et disait à sa femme, madame Cecilia:

«Ce que ça sent mauvais...»

Et il disait:

« Je ne supporte pas ça. »

Madame Cecilia disait :

« Tu ne supportes plus l'odeur de ton usine ? »

Et il disait :

« Non, je ne la supporte plus. »

Et il disait :

« Je ne supporte plus la vie.

– Il suffit d'avoir la santé.

– Toi, disait le vieux Bouboule à sa femme, tu dis toujours des choses nouvelles et originales. »

Puis il eut une maladie de la vésicule biliaire et il dit à sa femme :

« Je n'ai même plus la santé et je ne supporte plus la vie.

– On vit tant que Dieu l'ordonne ! dit madame Cecilia.

– Dieu, tu parles ! Il ne manquerait plus que Dieu existe ! »

Il s'appuyait toujours contre le mur de la cour ; ce mur et ce coin de cour sont tout ce qui demeure de la vieille baraque ; un bâtiment en béton armé, presque aussi grand que le village, a remplacé le reste. Mais le vieux Bouboule ne mangeait plus de miches de pain comme avant, le médecin lui avait prescrit un régime de légumes bouillis qu'il devait consommer chez lui, à table ; il lui avait interdit le vin, les cigares et le vélo : on l'accompagnait en voiture à l'usine.

Le vieux Bouboule éleva un garçon, un parent éloigné, devenu orphelin en bas âge, et lui fit faire des études avec ses enfants. Il s'appelle Fausto, mais tout le monde l'appelle Faluche parce qu'il porte en permanence un béret enfoncé jusqu'aux oreilles. Faluche se rallia au fascisme, et le vieux Bouboule dit :

« Normal, Faluche est comme les mouches dorées qui se posent toujours sur la merde. »

Le vieux Bouboule arpentait la cour de son usine, les mains dans le dos, sa casquette descendue presque sur la nuque ; au cou, une petite écharpe graisseuse et sale, pareille à une corde. Il s'arrêtait devant Faluche, qui travaillait à présent à l'usine et lui disait :

« Toi, Faluche, tu ne me plais pas. Je ne peux pas te souffrir. »

Faluche souriait en étirant sa petite bouche aux dents blanches et saines, il écartait les bras et disait :

« Je ne peux pas plaire à tout le monde.

– C'est vrai », disait le vieux Bouboule avant de s'éloigner de son pas tordu, les mains dans le dos, traînant ses chaussures comme des savates.

Mais quand il tomba malade, c'est Faluche qu'il nomma directeur de l'usine.

Madame Cecilia ne digérait pas cet affront fait à ses fils, elle demandait :

« Pourquoi Faluche ? Pourquoi pas Mario ? Pourquoi pas Vincenzo ? »

Le vieux Bouboule disait :

« Ne te mêle pas de mes affaires. Mêle-toi donc de tes sauces. Faluche est très intelligent. Tes fils ne valent pas un radis. Faluche est très intelligent, même si je ne peux pas le souffrir. »

Et il disait :

« De toute façon, avec la guerre, tout se terminera en eau de boudin. »

Faluche avait toujours vécu avec eux, à la Maisonnette, comme on appelait l'habitation du vieux Bouboule, qui l'avait achetée pour trois fois rien à l'époque de la Première Guerre. C'était alors une petite ferme dotée d'un potager, d'un verger et d'une vigne ; il l'avait agrandie et embellie, lui ajoutant des vérandas et des galeries, tout en conservant un peu de sa rusticité. Faluche vivait depuis toujours avec eux, mais à un moment donné le vieux Bouboule le chassa. Faluche s'installa aux Pierres, une maison située sur l'autre versant de la colline, que le vieux Bouboule avait acquise pour son frère et sa sœur, tonton Tommaso et tatie Maria ; il la considérait comme un lieu de relégation et il y exilait pendant quelque temps ses enfants quand il se disputait trop avec eux. Mais lorsqu'il y expédia Faluche, c'était de toute évidence pour toujours ; le soir de son départ, madame Cecilia pleura à table : elle n'avait pas d'affection particulière pour Faluche, et pourtant ne plus l'avoir à la maison, où il avait vécu depuis l'enfance, la troublait. Et le vieux Bouboule dit :

« Tu ne vas quand même pas gaspiller tes larmes pour Faluche ! Moi, je dîne mieux sans sa sale gueule. »

On ne demanda ni à tonton Tommaso ni à tatie Maria s'ils étaient contents d'héberger Faluche ; d'ailleurs, le vieux Bouboule ne leur demandait jamais la moindre approbation, la moindre opinion.

Il disait :

« Mon frère, tonton Tommaso, sauf votre respect, est une andouille. »

« Ma sœur, tatie Maria, sauf votre respect, est une courge. »

Évidemment, on ne demanda pas non plus à Faluche s'il était heureux de vivre avec tonton Tommaso et tatie Maria.

Du reste, il passait peu de temps avec ces deux vieillards. Il prenait ses repas en leur compagnie et, à la fin, tirait de sa poche un étui en peau de serpent marqué de ses initiales en or.

« Une cigarette, tonton Tommaso ? »

« Une cigarette, tatie Maria ? »

C'était toute la peine qu'il se donnait.

Il enfonçait sa faluche sur sa tête et se rendait à l'usine.

Tonton Tommaso et tatie Maria le craignaient et le respectaient. Ils n'osèrent rien lui dire quand il afficha dans la salle à manger une grande photo qui le montrait en chemise noire, le bras tendu, parmi les hiérarques fascistes venus visiter l'usine.

Tonton Tommaso et tatie Maria n'avaient pas d'opinions politiques tranchées. Mais ils murmuraient :

« Qu'est-ce qu'on fera si Bouboule débarque ? »

Ce qui était une éventualité improbable, parce que le vieux Bouboule ne se rendait jamais aux Pierres.

Puis la guerre éclata. Les fils de Bouboule partirent se battre ; Faluche fut réformé à cause de son torse étroit ; de plus, il avait eu une pleurésie dans son enfance, et on entendait encore quelque part un sifflement.

Une nuit, après le 8 septembre[1], Faluche vint réveiller Bouboule et madame Cecilia à la Maisonnette. Il leur dit de s'habiller à toute allure et de se sauver, car les fascistes étaient à leur recherche. Bouboule répliqua qu'il ne bougerait pas, il dit que tout le monde l'aimait au village et que personne n'oserait jamais lui faire quoi que ce soit. Mais, le visage dur comme du marbre, Faluche saisit une valise et se planta là, les mains à sa ceinture.

« Ne perdons pas de temps. Réunissez quelques affaires, on s'en va. »

---

1. Le 8 septembre 1943, dans une intervention radiophonique, le maréchal Badoglio annonça la signature de l'armistice de Cassibile avec les Anglais et les Américains, après la chute de Mussolini. Les Allemands envahirent le territoire et des unités fascistes établirent la République sociale italienne, État fantoche, dans le Nord et le Centre du pays. *(Toutes les notes sont de la traductrice.)*

Alors le vieux Bouboule capitula et commença à s'habiller ; ses mains couvertes de taches de rousseur et de poils blancs frisés peinaient sur les boutons de ses bretelles.

« Où est-ce qu'on va ? demanda-t-il.

– À Cignano.

– À Cignano, à Cignano ! Et chez qui ?

– Je m'en occupe. »

Apeurée, madame Cecilia arpentait les pièces en ramassant ce qui lui tombait sous la main, un petit vase, qu'elle glissait dans son sac, des cuillers en argent et de vieux tricots de corps.

Faluche les fit monter en voiture. Il conduisait sans prononcer un mot, son long nez en forme de bec recourbé sur sa moustache noire et drue, ses petites lèvres pincées, sa faluche enfoncée sur les oreilles.

« Faluche, dit le vieux Bouboule, il se peut que tu me sauves la vie. Mais tu me déplais quand même et je ne peux pas te souffrir. »

Cette fois Faluche dit :

« Je n'ai pas à vous plaire.

– C'est vrai », dit le vieux Bouboule.

Faluche vouvoyait le vieux Bouboule, parce que le vieux Bouboule ne l'avait jamais invité à le tutoyer.

À Cignano, Faluche avait loué un petit appartement pour eux. Ils passaient leurs journées à la cuisine, où il y avait un poêle. Faluche leur rendait visite presque tous les soirs.

Les fascistes étaient vraiment venus à la Maisonnette, ils avaient cassé les vitres et crevé les fauteuils à coups de baïonnette.

À Cignano, madame Cecilia mourut. Elle s'éteignit tranquillement en pressant la main de la propriétaire, avec laquelle elle s'était liée d'amitié. Le vieux Bouboule était allé chercher un médecin. Quand il réapparut avec le médecin, sa femme était morte.

Il n'arrivait pas à le croire, il l'appelait et la secouait, il croyait qu'elle s'était juste évanouie.

À l'enterrement, seuls Faluche, la propriétaire de l'appartement et lui étaient présents. Tonton Tommaso et tatie Maria, qui avaient de la fièvre, étaient restés aux Pierres.

« La fièvre de la peur », dit le vieux Bouboule.

Puis Faluche cessa de se montrer. Maintenant Bouboule était si seul qu'il avait presque envie de le voir. À tout instant, il lançait à la propriétaire :

« Où s'est donc fourré Faluche ? »

On apprit qu'il s'était sauvé en Suisse, étant menacé de mort aussi bien par les fascistes que par les maquisards. Un vieux géomètre, un certain Borzaghi, avait la responsabilité de l'usine. Mais le vieux Bouboule ne s'intéressait plus à son usine.

Il commença à perdre la mémoire. Il s'endormait souvent sur une chaise à la cuisine, la tête baissée. Il se réveillait en sursaut et demandait à la propriétaire :

« Où sont mes enfants ? »

Il le demandait, l'air menaçant, comme si elle les cachait dans le garde-manger.

« Les garçons, les aînés, sont à la guerre, disait-elle. L'avez-vous oublié ? Et Tommasino, le plus jeune, est au pensionnat. Quant aux filles, Gemmina est en Suisse et Raffaella dans la montagne avec les maquisards.

– Quelle vie... » disait le vieux Bouboule.

Il se rendormait, voûté, sursautant de temps en temps et balayant la pièce d'un regard vide, comme s'il ne savait plus où il était.

Après la Libération, tatie Maria vint le chercher en voiture avec le chauffeur. Il reconnut tout de suite le chauffeur, qui était le fils d'un de ses ouvriers, et l'embrassa. Il tendit à tatie Maria deux doigts mous en la regardant de travers.

Il dit :

« Tu n'es même pas venue à l'enterrement de Cecilia.

– J'avais quarante de fièvre », dit tatie Maria.

On le conduisit à la Maisonnette. Tatie Maria avait balayé les éclats de verre et rangé un peu les chambres avec l'aide de la fermière, mais il n'y avait plus ni matelas, ni draps, ni couverts, ni assiettes. Le jardin, où l'on voyait autrefois madame Cecilia passer au milieu des roses, dans un tablier bleu, un sécateur attaché à la ceinture, un arrosoir à la main, était entièrement dévasté.

Le vieux Bouboule s'en alla aux Pierres avec tatie Maria. Il y retrouva tonton Tommaso, toujours égal à lui-même, le teint rose, vêtu d'une chemise toute propre et d'un pantalon de flanelle blanche.

Le vieux Bouboule s'assit et se mit à sangloter dans son mouchoir, comme un enfant.

Il dit : « Heureusement que Cecilia est morte, elle n'aura pas vu tout ce désastre ! »

Tatie Maria lui caressait la tête et s'efforçait de répéter :

« Sois fort, sois fort, ce que tu es fort... »

Tonton Tommaso dit :

« J'ai été le premier à voir arriver les maquisards. J'étais à la fenêtre en compagnie du général Sartorio, je les ai vus arriver sur la route grâce à ma longue-vue. Pensant qu'ils avaient soif, je suis allé à leur rencontre avec deux bouteilles de vin. »

Et il dit :

« À l'usine, les Allemands ont emporté les machines. Mais ce n'est pas grave, les Américains nous en donneront de nouvelles. »

Le vieux Bouboule dit :

« Tais-toi donc, tu es toujours la même andouille.

– Borzaghi a été formidable, dit tatie Maria. Les Allemands l'avaient arrêté lui aussi, mais il a sauté du train en marche et s'est cassé une épaule. »

Et elle dit :

« Sais-tu que Nebbia a été tué ?

– Nebbia ?

– Mais oui. Les fascistes l'ont arrêté et l'ont tué juste là derrière, sur ces rochers. Il faisait nuit, nous avons entendu crier. Le matin, la fermière a trouvé son écharpe, ses lunettes toutes cassées et le chapeau poilu dont il ne se séparait jamais. »

Le vieux Bouboule regardait le soleil couchant sur cette pente rocheuse, derrière la maison, qui explique pourquoi on l'appelle les Pierres ; et les bois de pins qui recouvrent ce versant de la colline ; et, de l'autre côté de la colline, les montagnes aux pics pointus et enneigés, les glaciers aux longues ombres bleues, ainsi qu'un sommet immaculé et rond, en pain de sucre, surnommé le Toboggan, où ses enfants allaient se promener le dimanche avec leurs amis.

Le lendemain, le maire vint le prier de faire un discours pour célébrer la Libération. On le conduisit sur le balcon de la mairie, qui surplombait la place bondée. Il y avait des gens jusque dans la rue, perchés sur les arbres et sur les poteaux télégraphiques. Il avait beau voir des visages familiers, ceux de ses ouvriers, il avait honte de parler. Il posa les mains sur la balustrade et dit :

« Vive le socialisme ! »

Soudain il se souvint de Nebbia. Il souleva sa casquette et dit :

« Vive Nebbia ! »

De violents applaudissements éclatèrent, semblables au bruit du tonnerre ; cela l'effraya un peu, puis lui causa un grand plaisir.

Il avait envie de continuer, mais il ne savait plus quoi dire. Tout haletant, il tourmentait le col de sa veste. On l'éloigna du balcon, car le maire devait parler.

Sur le chemin du retour, tonton Tommaso lui dit :

« Nebbia n'était pas socialiste. Il était communiste.

– Peu importe, dit le vieux Bouboule. Et toi, tais-toi, tu es toujours la même andouille. »

À la maison, tatie Maria l'invita à se coucher parce qu'il était rouge, énervé et essoufflé.

Il mourut dans la nuit.

Les villageois dirent :

« Quel malheur, le vieux Bouboule est mort ! Ses enfants sont fourrés on ne sait où, et Faluche garde les rênes de l'usine. »

Et ils dirent :

« Tant d'enfants, et pas un seul à son chevet au moment de sa mort. »

Le lendemain de sa mort survint sa fille cadette, Raffaella, qui avait été maquisarde dans la montagne. Elle portait un pantalon, un foulard rouge au cou et un pistolet dans un étui.

Il lui tardait de se montrer à son père avec ce pistolet. Aux Pierres, elle trouva tatie Maria à la grille, un voile de crêpe noir sur la tête, qui fondit en larmes et dit :

« Quel malheur, quel malheur ! »

Elle l'étreignit en répétant :

« Sois forte, sois forte, ce que tu es forte ! »

Et elle dit :

« Ce pistolet ne tire quand même pas ? »

Pendant la guerre, nous avons été évacués d'abord à Castello, puis à Castel Piccolo, de peur qu'on bombarde le village, à cause de l'usine. À Castello, ma mère élevait des poules, des dindes, des lapins et même des abeilles. Mais les ruches avaient sans doute un défaut, car les abeilles mouraient toutes, avec la première neige.

À Castel Piccolo elle refusa d'avoir des animaux. Quand elle devait soigner les animaux, disait-elle, elle s'attachait à eux et elle n'avait plus le courage de les faire cuire.

À présent, nous avons divers animaux dans notre ferme qui se nomme la Vigne et qui est située près des bois de Castello, à environ un kilomètre de chez nous. Ma mère va à la Vigne deux ou trois fois par semaine, mais elle ne se lie pas d'amitié avec les animaux, dont la fermière s'occupe et qu'Antonia tue, plume ou écorche ; ma mère les remue dans la casserole sans s'émouvoir, parce qu'elle ne se dit pas qu'ils avaient, avant, des plumes ou des poils.

Après la Libération, on demanda à ma sœur de servir d'interprète, puisqu'elle connaissait bien l'anglais. Un colonel américain tomba amoureux d'elle. Ils se marièrent et s'envolèrent pour Johannesburg où il avait, dans le civil, une entreprise.

Je suis allée à l'université en ville. Je vivais au Foyer protestant avec la benjamine des petites Bottiglia. Giuliana Bottiglia a terminé l'École normale d'institutrices et j'ai obtenu une licence de Lettres, puis nous sommes rentrées toutes deux au village.

Je vais en ville environ deux fois par semaine sous un prétexte ou un autre : rendre les livres de tante Ottavia et en prendre de nouveaux à la bibliothèque Selecta ; acheter pour ma mère du fil à broder et des biscuits à l'avoine ; pour mon père, un tabac pour pipe particulier de marque anglaise.

D'habitude, j'emprunte le bus à midi et demi sur la place principale ; en ville, je descends corso Piacenza, à deux pas de la via dello Statuto, où se trouve la bibliothèque Selecta.

Le dernier autobus part à dix heures du soir.

Assise dans le petit fauteuil, je pressais les mains sur le poêle, les ôtais quand je les sentais brûler, les posais sur mon visage, puis les remettais sur le poêle ; une demi-heure s'est écoulée de la sorte.

C'est alors que Giuliana Bottiglia est entrée.

Elle portait des bas noirs à la mode, des gants en daim noir, un imperméable blanc très court et, sur la tête, un foulard en soie noire.

« Je te dérange ? » a-t-elle dit.

Elle s'est assise, a enlevé ses gants, son foulard, et entrepris de se faire des ondulations à l'aide du peigne. Puis elle a secoué ses cheveux, qui sont noirs et crêpés, avec quelques virgules sur les tempes.

« Aujourd'hui, a-t-elle dit, je suis allée au cinéma à Cignano.

– Qu'est-ce qu'on y passait ?

– *Ténèbres de feu.*

– Et pourquoi les ténèbres étaient-elles de feu ?

– Parce que le héros était un ingénieur devenu aveugle. Et l'héroïne, une prostituée, qu'il épouse, ne sachant pas qui elle est, la croyant pure. Ils emménagent dans un magnifique appartement. Puis l'ingénieur commence à avoir des soupçons.

– Pourquoi des soupçons ?

– Parce qu'elle lui avait dit qu'elle était pauvre et il découvre qu'elle ne l'est pas tant que ça, qu'elle a une *parure**[1] de bijoux. Il le découvre car la femme de ménage lui dit qu'elle l'a vue avec cette *parure**.

– Avant ?

– Oui, avant. Et un soir, sur la terrasse, il l'entend parler à un homme. Un banquier, très amoureux d'elle, qui connaît son passé et la fait chanter. Il la menace de tout raconter à l'aveugle

1. Les mots ou expressions en italiques suivis d'un astérisque sont en français dans le texte.

si elle ne couche pas avec lui. Le banquier, c'est Yul Brynner.

– Le chauve ?

– Oui. Alors l'ingénieur accepte de se faire opérer. Soit il mourra, soit il recouvrera la vue. On l'opère, et il voit, d'abord flou, puis clair. La femme est là, très belle, dans une fourrure en hermine. Il embrasse la fourrure et pleure.

– Il pleure ?

– Oui. Puis ils vont en vacances dans une villa, mais Yul Brynner les rejoint. La nuit, Yul Brynner cherche la femme et finit par la trouver dans un beau salon, au milieu des livres, une sorte de bibliothèque. Il essaie de l'embrasser. L'ingénieur survient et les surprend ensemble.

– Alors ?

– Alors Yul Brynner file et l'ingénieur le poursuit sur la corniche d'une fenêtre. La femme y est montée elle aussi pour sauver l'ingénieur. Et elle tombe.

– Elle meurt ?

– Oui.

– Et l'ingénieur ?

– L'ingénieur tire sur le banquier, qui meurt. Mais avant de mourir à l'hôpital, il dit à l'ingénieur que la femme était aussi pure qu'une sainte. Et l'ingénieur redevient aveugle.

– Il redevient aveugle ?

– Oui.

– Et pourquoi ?

– Parce que ses yeux étaient encore fragiles, et à tous les coups l'émotion fait tomber sa rétine.

– Ce film est idiot.

– Pas tant que ça. Ils jouaient bien.

– Tu es allée jusqu'à Cignano pour le voir ?

– Oui.

– En bus ?

– À vélo avec ma sœur Maria et Maria Mosso.

– Le Chinois était gentil ?

– Quel Chinois ?

– Celui du bal chez les Terenzi.

– Il n'était pas chinois, mais indien, et il avait au moins soixante-dix ans. C'est Gigi Sartorio qui l'a amené. »

Les yeux baissés et la tête penchée sur le côté, elle lissait très lentement ses gants dans son giron. Elle a dit :

« Tommasino était là.

– Où ?

– Au bal des Terenzi.

– Il était là ?

– Oui.

– Et alors ?

– Rien. Il était là, c'est tout. »

Elle continuait de lisser ses gants sans me regarder. Elle a dit :

« Tu ne me racontes plus jamais rien. Autrefois j'étais ton amie. »

Je remuais les cendres dans le poêle. J'ai dit :

« Je ne te raconte plus rien à propos de quoi ?

– Je viens, on parle de bêtises. Je t'ennuie, je le sais.

– Tu ne m'ennuies pas du tout. L'histoire de l'ingénieur m'a amusée.

– Je t'ennuie, je le sais. »

Elle a enfilé ses gants et bouclé la ceinture de son imperméable.

« Il faut que je m'en aille maintenant. »

Sur le seuil, elle m'a dit sans se retourner :

« On t'a vue.

– Quoi ?

– On t'a vue avec Tommasino.

– Qui ça ?

– Ma sœur Maria et Maria Mosso. Elles vous ont vus dans un bar.

– Et alors ?

– Alors rien. »

« Giuliana ! Il y a une fête chez les Terenzi ? s'est écriée ma mère au pied de l'escalier.

– Je ne sais pas.

– Nous avons croisé Gigi Sartorio avec un saladier.

– Il n'allait pas chez les Terenzi, il allait chez les Mosso, il leur apportait un peu de sabayon, car ils en avaient trop préparé et il en restait. Ils nous en ont donné, à nous aussi.

– Combien en avaient-ils fait ? Un baril ? » a dit ma mère.

Et elle a dit : « Quelle drôle d'idée de mettre du sabayon dans un saladier !

– Et où devaient-ils le mettre ? a dit tante Ottavia.

– Dans une coupe en cristal, parbleu !

– Nous autres, dit Giuliana, nous avons fait des choux, car nous n'aimons pas le sabayon tout seul.

– Nous, le soir, nous aimons manger très léger », a dit ma mère.

Son visage exprimait des regrets à l'idée que nous ayons été exclus de cette distribution de sabayon.

Les enfants de Bouboule sont au nombre de cinq.

Gemmina est l'aînée. Elle a désormais plus de quarante ans. Elle n'est pas mariée et vit à la Maisonnette. De retour de Suisse, elle a dit :

« Personne ne me prendra la Maisonnette. »

Ses frères et sœurs voulaient s'y installer après qu'ils avaient tous regagné le village, mais elle répétait :

« La Maisonnette appartenait à papa et maman, et personne ne me la prendra. »

Inutile de lui faire remarquer que papa et maman étaient aussi papa et maman pour ses frères et sœur, pas uniquement pour elle.

Gemmina est restée à la Maisonnette toute seule, avec une femme de ménage, une vieille nounou qui les a tous élevés l'un après l'autre.

Vincenzino et Mario, qui avaient des enfants, auraient bien aimé engager cette femme.

Mais Gemmina a dit :

« Personne ne me prendra la nounou. La nounou reste avec moi, et gare à celui qui la touchera. »

Gemmina est grande et maigre, elle a les cheveux oxygénés et coupés courts, un long visage étroit, tout en menton, le teint taché et marqué par une vieille éruption qui lui a laissé des sortes de bleus.

L'hiver elle porte un manteau en ratine, une toque de fourrure hérissée et un fuseau de ski. Toujours occupée, elle ne cesse d'aller et venir, à bord de sa Fiat 500, de Castello à Cignano et de Cignano à Castello. À Castello, elle a ouvert un hôpital, et à Cignano une boutique d'artisanat. La vitrine montre des pantoufles en tricot, des pots en bois sculpté et des tableaux aux sujets alpins.

En chemin, elle achète des pommes pour l'hôpital, à Soprano, où elles sont bon marché.

Elle adore organiser des thés de bienfaisance. Elle dirige huit ou dix filles, en envoie une demander des noix à tatie Maria – il y en a beaucoup aux Pierres – pour poser des cerneaux sur les canapés au fromage ; une autre réclamer au boulanger de Cignano des brisures de biscuits à broyer dans le moulin à café, puis à mélanger avec de la poudre de cacao : on obtient ainsi des petits gâteaux qui ne sont pas bons, mais mangeables.

Elle est avare, ne donne rien qui lui appartienne, ni argent, ni quoi que ce soit. En revanche, elle soutire à tout le monde des sous et des affaires pour son hôpital et ses activités.

Elle se borne à puiser chez elle, pour les loteries et les *cotillons**, de petits objets dont elle ne sait que faire, par exemple des œufs de Pâques en carton, garnis de soie, des tire-bouchons en forme de cœur, ou des pelotes à épingles.

Quand elle a construit l'hôpital, elle surveillait les travaux dès le matin dans son manteau en ratine et ses chaussures de montagne, le nez rougi, la figure couverte de taches qui pâlissaient davantage avec le froid, une cigarette dans un fume-cigarette en onyx.

Elle aime les réceptions et les fêtes. Elle arbore à ces occasions des tenues élégantes, sa fourrure de ragondin, ses bijoux, des robes du soir qu'une grande couturière lui confectionne en ville.

Elle aime rencontrer des comtesses à ces soirées, parce qu'elle est snob.

Elle ne cesse d'aller et venir à toute allure, du matin jusqu'au soir. Elle bavarde avec tout le monde, car elle connaît tout le monde. Et elle dit en soupirant à chacun :

« Je suis éreintée. »

Elle rentre tard, le soir, et se jette sur le canapé, un oreiller glissé sous les jambes pour favoriser la circulation sanguine.

Elle dit :

« Je suis éreintée. »

Les yeux fermés, elle essaie de se détendre, de ne penser à rien, ayant lu dans une revue que se détendre repose la peau.

« Nounou, ma bouillote ! Et le registre. »

La nounou arrive, robuste, voûtée, les pieds plats, son tablier blanc amidonné, le visage toujours boudeur, ridé et aussi brun que du cuir.

Gemmina feuillette le registre. Elle y consigne les comptes de ses activités, des opérations compliquées d'entrées et de sorties.

Le vieux Bouboule estimait qu'elle n'était pas bête, il disait qu'elle était taillée pour le commerce. Il n'avait que les réserves suivantes :

« Dommage qu'elle ne soit pas féminine. Et puis elle a un teint horrible. Dommage qu'elle ne ressemble pas à sa mère qui était fraîche comme une rose dans sa jeunesse. »

Gemmina a été amoureuse de Nebbia.

Elle était pitoyable : l'amour l'avait rendue encore plus laide et plus maigre. Pour plaire à Nebbia, elle se mettait du rouge aux joues et aux lèvres. Elle le passait mal, sans aucune habileté : elle a appris à se maquiller beaucoup plus tard, en Suisse, où une de ses amies travaille dans un institut de beauté. Pour cacher les taches de sa peau, elle utilisait une poudre trop sombre, presque marron. Elle se postait à la sortie de l'usine, chaque soir, et tout le monde savait qu'elle attendait Nebbia ; Nebbia était le seul à ne pas l'avoir compris, parce qu'il était naïf, stupide dans le domaine de l'amour, et distrait.

Nebbia sortait, ses oreilles en feuilles de chou toujours rouges, le nez surmonté de lunettes en écaille, sa grande bouche sérieuse.

« Qu'est-ce que vous faites ici ? lui disait-il. Votre père est parti depuis longtemps. »

Elle disait :

« Vous me raccompagnez ? »

Il la faisait monter sur le cadre de son vélo et la reconduisait chez elle. Il la déposait non loin de la Maisonnette, au pied de la côte, et remontait en selle.

Elle disait :

« On va dimanche à la montagne ?

– Bien sûr. »

Ils y allaient, parfois en tête à tête, parfois avec les frères et sœur de Gemmina, ou avec Faluche, ou encore avec d'autres employés de l'usine. Un été, Gemmina avait suivi des cours de varappe dans les Dolomites. Elle était fière d'être calée, de n'avoir jamais peur, de ne jamais être distancée, de ne pas avoir le mal des montagnes.

« Vous avez autant de souffle qu'un cheval », lui disait Nebbia.

Un jour où ils étaient seuls, ils furent surpris par la tourmente en altitude. Ils durent s'abriter derrière un rocher toute la nuit.

Ils enfilèrent tous les pulls dont ils s'étaient munis. Nebbia avait dans son sac une toile imperméable qu'ils enroulèrent autour de leurs jambes. Ils burent un peu de cognac et Nebbia s'endormit profondément.

Gemmina, en revanche, ne parvint pas à fermer l'œil, elle entendait le tonnerre, le vent qui sifflait sur le glacier et de temps en temps un éboulement. Elle regardait Nebbia endormi, son visage long, sa grande bouche si sérieuse, toute gercée par le froid et couverte de vaseline.

Le matin, le soleil brillait. Nebbia ramassa ce qui restait des provisions, les gamelles, les crampons, et dit :

« Descendons vite, vos parents doivent s'inquiéter. »

Gemmina était rompue de fatigue, gelée, et avait envie de pleurer. Mais elle garda le silence et enfila ses gros gants de laine en soufflant dedans pour les réchauffer.

Nebbia lui ceignit la taille d'une corde qu'il attacha à sa propre taille, mit son sac sur son dos, et ils entamèrent la descente.

Au pied des rochers, ils s'élancèrent dans les prés, leurs sacs dansant dans leur dos.

Ils rencontrèrent l'équipe de secouristes que Bouboule leur avait envoyée. Parmi eux se trouvaient Vincenzino, Mario et Faluche. À la Maisonnette, madame Cecilia était en larmes, car elle les croyait morts.

Gemmina se plongea dans une baignoire d'eau chaude. Elle entendait sa mère dire dans la pièce voisine :

« Je ne laisserai plus jamais Gemmina partir seule avec Nebbia. Il la met en danger. Et puis les gens jasent, au village, toujours à la montagne en tête à tête. »

Le vieux Bouboule dit :

« C'est l'usage aujourd'hui, et il n'y a rien d'étrange à ça. Aujourd'hui, les filles et les hommes vont en tête à tête en voyage, à la montagne et partout. C'est la mode. On ne peut pas aller à contre-courant de son époque. »

Et il dit :

« Ils ont tous les deux la passion de la montagne. Tu verras, il l'épousera. S'il l'épouse, j'en serai ravi. »

Mais Gemmina pleurait, en peignoir sur un tabouret de la salle de bains. Parce qu'elle avait passé la nuit tout près de Nebbia sur un bout de rocher, et il ne l'avait pas embrassée une seule fois.

Ses parents la virent venir à table, les yeux bouffis de larmes, et pensèrent qu'elle avait eu une crise de nerfs à cause de la peur et de la fatigue.

Parfois Nebbia dînait chez eux. Il parlait de l'usine avec le vieux Bouboule et le contredisait toujours, car personne au monde ne l'intimidait. Après quoi Bouboule, habitué à se coucher de bonne heure, allait au lit. Nebbia restait avec Gemmina et madame Cecilia, qui tricotaient ; mais il s'endormait peu à peu, son long visage contre le dossier du fauteuil, sa grande bouche esquissant parfois un vague sourire dans le sommeil.

Nebbia était connu pour s'endormir après le dîner.

« Pardonnez-moi si j'ai un peu dormi », disait-il en arrangeant ses cheveux bouclés, en prenant son chapeau et son imperméable.

Gemmina l'accompagnait à la grille. Il enfourchait son vélo et filait à l'hôtel Concordia où il vivait.

Un soir où elle était seule avec Nebbia, parce que Bouboule s'était déjà couché et que madame Cecilia passait la nuit en ville avec Raffaella, Gemmina posa son ouvrage, écarta les cheveux de son front et dit :

« Nebbia, je crois que je suis amoureuse de vous. »

Sur ce, elle enfouit son visage entre ses mains et éclata en sanglots.

Abasourdi, les oreilles en feu, sa grande bouche ondulée toujours un peu gercée par le froid, Nebbia déglutit et dit :

« Je suis désolé. »

Il y eut ensuite un long silence, pendant lequel Gemmina continua de pleurer. Alors Nebbia tira de sa poche un grand mouchoir froissé, légèrement sale, et lui essuya le visage.

Il dit d'une voix fluette et rauque :

« J'ai beaucoup d'amitié pour vous. Mais je ne sens pas que je vous aime. »

Ils demeurèrent un moment encore assis, sans piper. Gemmina se mordait l'ongle du pouce et sanglotait de temps en temps. C'est alors que Bouboule survint en pyjama : il voulait le journal. Nebbia rangea très vite son mouchoir et Gemmina reprit ses aiguilles à tricoter.

Puis Nebbia enfila son imperméable, se coiffa de son chapeau poilu, tout abîmé, et partit.

Il se fiança peu après avec la fille du pharmacien de Castello : une dénommée Poupette. Petite, joufflue, elle avait seulement dix-neuf ans et la tête toute bouclée, elle portait des chemisiers bouffants, un large ceinturon en vernis noir et de très hauts talons sur lesquels elle titubait. Désireuse de jouer à la dame, elle exigea immédiatement une voiture, ainsi qu'un logement avec des meubles modernes et des plantes grasses sur le rebord des fenêtres. Elle détestait la montagne, hiver comme été, et ne supportait pas le froid. Elle n'était pas capable de faire du vélo. Elle aimait les bals et elle épousa Nebbia qui ne savait pas danser.

Le vieux Bouboule garda rancune à Nebbia qui s'était marié avec cette dinde et avait repoussé ses deux filles, Gemmina et Raffaella.

Gemmina décida de partir pour la Suisse. Elle avait une amie, en Suisse, et elle dénicha un emploi dans une agence de voyages.

Elle ne rentra qu'après la guerre. Poupette s'était installée à Saluzzo avec les deux enfants qu'elle avait eus de Nebbia.

Gemmina n'a jamais voulu voir, sur la pente qui est derrière les Pierres, l'endroit où Nebbia a été tué.

Parfois, au volant de sa Fiat 500, elle chante une chanson. C'est une chanson qui dit :

Linda, ô Linda, mon trésor bien-aimé
T'es d'dans, moi dehors sous l'ciel bleu !
T'es d'dans et tu manges des biftecks

Moi j'suis dehors et j'claque des crocs !
Linda, ô Linda, mon trésor bien-aimé,
T'es d'dans, moi dehors sous l'ciel bleu !

Elle chantait cette chanson en chœur avec Nebbia, Vincenzino et Faluche dans l'autobus, au retour de la montagne.

Nebbia chantait faux. Elle a encore l'impression de l'entendre. Quand elle entonne cette chanson, elle retrouve sa jeunesse, les joyeuses soirées où ils rentraient tous ensemble de la montagne, la fatigue, l'odeur de la laine et du cuir, la neige fondue sous les brodequins, les épaules engourdies par les courroies du sac, le chocolat à moitié mangé dans le papier d'argent, et les oranges, le vin.

Elle n'est jamais plus allée à la montagne. Elle conserve encore, dans une boîte, un quart en fer-blanc tout cabossé. Celui dans lequel elle a bu avec Nebbia, la nuit de la tourmente.

Après Gemmina, Vincenzino. Puis Mario, Raffaella et, pour terminer, Tommasino. Voilà les enfants de Bouboule.

Vincenzino était un garçon de petite taille, gros, blond et frisé comme un agneau. Sale et débraillé, il avait toujours des boucles trop longues dans le cou, les poches de son imperméable bourrées de brochures et de journaux, les chaussures délacées parce qu'il ne savait pas faire les nœuds, et le bas de son pantalon crotté à force d'arpenter la campagne.

Le vieux Bouboule disait :

« Il a l'air d'un rabbin. »

Il se promenait seul. Parfois il se plantait devant un mur ou une grille, où l'on ne voyait que des buissons d'orties, ou des touffes de cheveux-de-Vénus ; il regardait, il regardait encore, on ne comprenait pas ce qu'il regardait.

Il marchait lentement en tirant de temps en temps de sa poche un journal ou un livre qu'il lisait sans interrompre sa marche, les épaules courbées et le front plissé. Quand il ouvrait un livre, on avait l'impression qu'il tombait dedans, la tête la première.

Il aimait la musique, et sa chambre était remplie d'innombrables instruments à vent. Au crépuscule, il se mettait à jouer du hautbois, de la clarinette ou de la flûte. Il s'en échappait des gémissements très tristes, plaintifs et faibles, semblables à un bêlement.

Le vieux Bouboule disait :

« Faut-il vraiment que je doive toujours l'entendre bêler ? »

Vincenzino avait de mauvais résultats scolaires. Malgré les cours particuliers qu'il prenait toute l'année, il était toujours recalé. Faluche et Mario, plus jeunes, allaient de l'avant, et lui, il restait en arrière.

Il était difficile d'en saisir la raison, étant donné qu'il lisait énormément de livres et connaissait un tas de choses.

Il parlait tout bas, en un vague murmure. Il répondait aux questions les plus simples par des réflexions confuses et verbeuses, qui se dévidaient lentement, sur la vague triste de ce murmure.

Son père disait :

« Je ne peux pas le supporter. »

Il disait, en entendant les gémissements de la flûte, au crépuscule :

« S'il continue de bêler, je l'enverrai aux Pierres. »

Il l'envoyait un moment aux Pierres. Puis il le rappelait, parce qu'il voulait encore l'étudier, comprendre comment il était fait.

« Il ne doit tout de même pas être totalement stupide », disait-il à sa femme.

Il l'emmenait à l'usine, il le conduisait devant les machines. Vincenzino les regardait, voûté, l'air sombre, hébété, les sourcils froncés.

Il les regardait intensément et reniflait, tout comme, dans la rue, il regardait un mur, un arbre ou une touffe d'orties.

Il fréquenta le pensionnat de Salice. Puis, une fois son diplôme en poche, il étudia à l'université en ville.

Son père souhaitait qu'il s'inscrive à la faculté de sciences économiques, comme Mario, qui était déjà en deuxième année. Or il s'inscrivit à l'école d'ingénieurs, comme Faluche.

Il s'était montré résolu dans ce choix. Bouboule haussa les épaules et dit à sa femme :

« Il n'arrivera jamais jusqu'au bout. C'est trop difficile. Mais qu'il se débrouille ! De toute façon, je ne peux pas discuter avec lui. Il est fou, et on ne peut pas discuter avec les fous. »

Vincenzino, Faluche et Mario habitaient un petit meublé et avaient une femme de ménage.

Faluche couchait avec cette femme. Robuste, lourde, elle n'était plus de la première jeunesse. Vincenzino, enfermé dans sa chambre, entendait ses exhortations maternelles et engourdies, ainsi que le rire limpide de Faluche.

Vincenzino détestait Faluche.

À l'école d'ingénieurs, il rencontra Nebbia. Ils se voyaient toujours en cours et, un soir, ils entamèrent la conversation à bord du train qui les ramenait chez leurs parents en fin de semaine. La famille de Nebbia vivait elle aussi à l'extérieur de la ville.

Vincenzino prit la parole de sa voix basse. Il raconta qu'il partageait un logement avec un cousin qu'il haïssait. Il dépeignit Faluche, sa façon de se laver et de manger, de coucher avec la domestique, de faire de la gymnastique le matin en slip noir.

Nebbia écoutait en tendant l'oreille ce long murmure mélancolique. Il riait, amusé par cette haine qui ne reposait sur rien de réel, qui se fondait sur une manière de mâcher, de se gratter les aisselles, de s'accroupir et de se relever brusquement en tricot de peau et en slip.

Il connaissait Faluche de vue. Puis il le connut de près, et celui-ci lui parut totalement inoffensif. Du reste, Nebbia avait un naturel sociable, naïf, calme et distrait ; tout le monde lui convenait.

Vincenzino se lia d'amitié avec Nebbia : ce fut son premier, son dernier et unique ami.

Nebbia l'emmena chez lui, à Borgo Martino, et lui présenta ses parents, son père médecin du Service de Santé, sa mère institutrice, ainsi que ses frères et sœurs.

À son tour, Vincenzino l'invita à la Maisonnette. Nebbia plut au vieux Bouboule qui lui promit de lui attribuer un poste à l'usine à la fin de ses études.

Le dimanche, Nebbia, Vincenzino, les sœurs de Nebbia, Gemmina et Faluche allaient ensemble à la montagne. Vincenzino marchait lentement et les autres s'impatientaient parce qu'ils devaient l'attendre, aussi s'arrêtait-il en général dans un chalet, près d'un feu de cheminée, bêlant avec sa flûte et regardant les flammes.

Un été, à San Remo, il rencontra une jeune Brésilienne qui faisait des études de musique. Il s'était rendu au bord de la mer sur les conseils de son médecin, à la suite d'une amygdalite, mais il évitait de se baigner et de s'exposer sur la plage : il avait la peau si blanche qu'un excès de soleil lui donnait de la fièvre ; d'ailleurs, il détestait le soleil, le sable, les parasols et la foule. Il passait donc son temps à lire à l'ombre des arbres, dans le jardin de l'hôtel ; il entama la conversation avec la Brésilienne, qui ne se baignait pas non plus et qui se tenait là avec des lunettes noires et une grande capeline, en compagnie de sa mère, *mamita*, une vieille femme de la taille d'un singe, aux cheveux teints en roux.

Vincenzino regagna la Maisonnette en bonne santé, après son séjour à la mer. Il posa sur la table de sa chambre un portrait. On y voyait une fille au long cou, debout, de profil, arborant une robe du soir, un collier de perles, un gros *chignon** noir et un boa de plumes.

Il dit :

« Ma fiancée. »

Bouboule dit à sa femme :

« Ce cornichon est fiancé ? »

Il allait regarder le portrait quand Vincenzino était absent.

« Elle a le cou très long », disait-il.

Et le matin, dès son réveil, il disait à sa femme :

« Cette fille-là le cocufiera à tour de bras. »

Vincenzino expédiait de longues lettres à São Paulo, au Brésil. Il en recevait d'aussi longues, remplies d'une grande écriture pointue, qu'il était difficile de lire car elles étaient écrites également sur le verso de la feuille.

À l'approche de Noël, la fille débarqua en ville avec *mamita, papito* et *Fifito*, son frère âgé de douze ans. Ils demandèrent à rencontrer la famille de Vincenzino à la Maisonnette.

Ils étaient descendus à l'hôtel, et Vincenzino leur faisait visiter la ville.

Un soir, en rentrant, Faluche surprit Vincenzino sur son lit, pâle comme un linge, en train de vomir dans une cuvette. Il tremblait des pieds à la tête, en proie à une crise de nerfs.

Il s'était aperçu qu'il en avait plein le dos de *mamita*, de *papito*, de *Fifito* et de la fille. Et il ne savait pas comment se débarrasser d'eux.

Faluche courut appeler un médecin et Nebbia. Toute la nuit, il assista Vincenzino avec Nebbia, l'obligeant à boire du café fort et épongeant sa sueur.

Le matin, ils se rendirent auprès de *papito* et de *mamita*, ils leur dirent que Vincenzino était malade, très malade, en dépression, et qu'il ne pouvait envisager de se marier pour le moment.

Mamita fondit en larmes. Puis son mari et elle exigèrent de l'argent. Ils avaient effectué des dépenses, payé des voyages et acheté un trousseau coûteux pour leur fille.

Ils eurent tout ce qu'ils voulaient et ils repartirent pour le Brésil.

« Quand même, dit Nebbia à Vincenzino, Faluche a bien agi. »

Or Vincenzino n'était aucunement reconnaissant à Faluche. Le fait qu'il l'avait vu en si mauvais état avait renforcé sa haine à son égard.

Faluche rapporta l'épisode au vieux Bouboule, l'air poli et triste. Mais sa voix trahissait une joie irrépressible. Lui, Faluche, courtisait des filles convenables et couchait avec des putains et des domestiques. Jamais il n'avait eu d'accident, jamais il n'avait obligé le vieux Bouboule à débourser de l'argent à cause de ses histoires d'amour.

Mal en point, Vincenzino fut renvoyé à la mer, mais cette fois Gemmina l'accompagna pour le surveiller et l'empêcher de commettre d'autres bêtises.

Ayant trop de retard dans ses examens, il quitta l'école d'ingénieurs et s'inscrivit à la faculté d'économie et de commerce.

Nebbia avait été reçu à sa licence depuis longtemps, et il travaillait déjà à l'usine. C'était aussi le cas de Faluche et de Mario.

Vincenzino dut ensuite faire son service militaire. On l'envoya à Pesaro. Étant inapte en matière de ponctualité et de précision, il était toujours consigné. Il avait cessé de se raser, et ses joues étaient couvertes d'un pelage bouclé, roussâtre, semblable à une végétation sauvage poussant sur un talus abandonné.

Enfin, après son service, il obtint sa licence.

« Les boiteux aussi finissent par arriver », dit le vieux Bouboule. Mais il était content, il l'envoya un an en Amérique pour qu'il voie le monde et apprenne l'anglais.

À son retour, Vincenzino avait beaucoup changé. Il ne portait plus la barbe. Il avait appris à se laver, à se tenir plus droit et à parler plus fort.

Quand on lui présentait quelqu'un, il redressait les épaules et fixait sur lui un regard perçant, pénétrant, limpide, une sorte d'éclair froid.

Il éclatait parfois d'un rire rapide, rusé, furtif, qui découvrait ses petites dents blanches et cessait brusquement.

En Amérique, il avait visité des usines. Et il avait des idées nouvelles, il voulait démolir leur vieille fabrique et la rebâtir entièrement en vitres, avec un quartier d'habitation pour les ouvriers.

Il avait lu des livres de psychanalyse et découvert qu'il souffrait du complexe paternel, qu'il avait subi un traumatisme dans son enfance en voyant Faluche tuer un chien à coups de pierres.

Il était retourné à la Maisonnette et il commença à travailler à l'usine. Il travaillait jusqu'au cœur de la nuit, dessinant des projets.

Son père disait :

« Avant, il se fichait totalement de l'usine. Maintenant il s'y intéresse trop. Le seul avantage, c'est qu'il n'a plus de flûte et qu'il ne bêle plus. »

Mais Vincenzino allait encore se promener seul dans la campagne. Il s'arrêtait encore pour regarder, immobile, un mur ou un arbre en plissant le front et en reniflant.

Il épousa une fille de Borgo Martino. C'était une amie des sœurs de Nebbia, il la connaissait depuis de nombreuses années. Il l'épousa après une déclaration d'amour compliquée et embrouillée. Il l'épousa à toute allure, parce qu'il craignait de changer d'avis.

Il n'y avait pas la moindre ressemblance entre Mario et Vincenzino. Mario était un garçon gai, vif, mondain, auquel tout réussissait.

Grand, désinvolte, élégant, il partageait bien ses journées entre travail et loisirs. Après l'usine, il rentrait se changer à la Maisonnette et allait chez les Sartorio jouer au tennis en pantalon et veston bleus à boutons dorés.

« Le portrait de tonton Tommaso. Pourvu que ce ne soit pas une andouille », disait le vieux Bouboule.

Mario passait ses soirées à disputer des parties de poker chez les Sartorio, les Perego, les Bottiglia.

Il racontait très bien les blagues, sérieux comme un pape, sans broncher. Il en savait une quantité, qu'il puisait dans des revues italiennes ou étrangères auxquelles il était abonné ; et il avait beaucoup de succès.

Mais lorsqu'il était un peu fatigué, il parlait vite, nerveusement, en balbutiant, de manière irrépressible, et il était impossible de lui clouer le bec. Il débitait des blagues, exposait ses projets pour l'usine. Son visage virait au gris et se creusait, comme un faisceau de muscles trop tendus, et il était secoué d'un petit tremblement en haut de la pommette, exactement sous l'œil gauche. Incapable de dormir, il fumait toute la nuit dans sa chambre ou arpentait le village et poussait jusqu'aux Pierres où il réveillait tonton Tommaso et Faluche, avec sa logorrhée.

On l'envoyait se reposer un peu à la mer ou à la montagne, et à son retour il était de nouveau calme, ses insomnies et sa logorrhée s'étaient envolées.

À un moment donné on crut qu'il allait se fiancer avec l'aînée des petites Bottiglia, car ils étaient toujours fourrés ensemble. Mais il se rendit à Munich pour affaires, y resta quelques mois, et c'est là qu'il se maria.

Le vieux Bouboule s'emporta en apprenant qu'il se mariait. La fille était peintre et sculptrice, c'était une Russe dont la famille avait fui Moscou lors de la Révolution. Elle était orpheline et vivait à Munich avec un oncle et une tante. Le vieux Bouboule pensait qu'il s'agissait d'une aventurière ou d'une espionne.

Il dépêcha Faluche à Munich afin qu'il se renseigne. Faluche annonça qu'il n'y avait rien à faire : Mario était amoureux, il se mariait, il refusait d'entendre raison.

Faluche avait réuni quelques informations. L'oncle et la tante de la fille possédaient un magasin de disques. On ne savait pas grand-chose à leur sujet.

Mario se présenta à la Maisonnette avec sa femme. Petite, mince, chétive, elle avait un visage poudré qui semblait poussiéreux, un feutre noir et des gants noirs.

Lorsqu'elle ôta ses gants, on découvrit ses mains maigres, frêles et couvertes de cicatrices. Mario expliqua qu'elle s'était brûlée avec des acides en préparant ses couleurs, parce qu'elle avait l'habitude de les préparer toute seule.

Elle ne parlait pas un traître mot d'italien. Elle parlait un français hésitant, mêlé d'allemand et de russe, d'une voix basse et un peu rauque. Elle s'appelait Xenia.

Le vieux Bouboule était désespéré. Il avait cru que Mario épouserait une des filles de son vieil ami, maître Bottiglia. Et voilà qu'on découvrait cette inconnue, surgie d'on ne savait quelle vie obscure, qui s'exprimait en français, une langue dont sa femme et lui ignoraient tout.

Bouboule éprouva pour Xenia une antipathie violente, irrépressible, aveugle. Et Vincenzino partagea cette antipathie. Pour la première fois depuis de nombreuses années, Vincenzino et son père étaient alliés.

Entre-temps, Vincenzino aussi s'était marié, et sa femme était là, claire, simple, propre, dotée d'un passé limpide, puisqu'elle était originaire de Borgo Martino.

Mario et Xenia parcoururent le village à la recherche d'une maison. Ils en visitèrent un grand nombre. Xenia regardait de ses grands yeux opaques aux paupières lourdes et fardées, elle marmonnait quelque chose en français, et l'on comprenait que ces maisons lui déplaisaient.

Ils finirent par acheter la Villa des Hirondelles, une grande bâtisse rouge, entourée de bois, au sommet de la colline.

Les enfants de Bouboule étaient conscients depuis longtemps d'être riches et ils constataient qu'ils l'étaient de plus en plus au fil des ans. Cependant leurs habitudes ne changeaient guère. Ils s'habillaient toujours de la même façon et mangeaient le même genre de repas. Madame Cecilia retournait elle-même son manteau de l'hiver précédent avec l'aide de Pinuccia, sa domestique. Et quand elle voulait un nouveau vêtement, elle s'adressait à la couturière du village, Sestilia.

À la Maisonnette, on servait de bons petits plats, nourrissants, frais et copieux. Mais la nappe était un peu usée à force d'avoir été lavée, les verres de tous les jours étaient des pots de confiture Cirio, et le couvercle du récipient pour le fromage râpé avait été cassé et recollé, si bien que madame Cecilia répétait : « Il faudrait que j'achète un nouveau récipient pour le fromage. »

Ils avaient à la Maisonnette deux voitures, une vieille, grosse et sombre, et une petite, décapotable dont se servait surtout Faluche pour aller en ville. Ils possédaient un tas d'imperméables, un tas de malles et de valises, un tas de plaids écossais et un tas de skis. Ils ne regardaient pas à la dépense en ce qui concernait les voyages, les vacances, les fortifiants et les médecins. Mais lorsque Xenia arriva, ils s'aperçurent qu'ils ne savaient pas vivre dans le luxe. Xenia, elle, savait.

On découvrit que ses vêtements à l'allure toujours un peu froissée et poussiéreuse étaient luxueux, qu'ils venaient d'une célèbre maison de couture parisienne. En passant par Paris, après son mariage, elle avait commandé ces vêtements, ainsi que des fourrures et des chaussures.

Elle s'installa à la Villa des Hirondelles, qu'elle avait décorée de meubles lourds et un peu funèbres, à l'aspect solennel. Elle accrocha aux fenêtres des rideaux sombres, parce qu'elle aimait la pénombre.

Elle engagea un grand nombre de domestiques et de bonnes, de sous-bonnes et de sous-domestiques, et l'on se demandait comment elle réussissait à les diriger, puisqu'elle parlait uniquement français, et ce d'un filet de voix.

Elle envoyait quelqu'un acheter la viande à Cignano, où elle était meilleure, mais plus chère. Elle envoyait quelqu'un chercher les fruits à Castello, tôt le matin, avec le chauffeur. Elle envoyait quelqu'un à Castel Piccolo pour les fraises, à Soprano pour la ricotta, à Torre pour les gressins.

Pour sa part, elle mangeait très peu : une feuille de salade, une gorgée de bouillon. Elle commandait en ville des ananas qu'elle goûtait à peine, une bouchée au bout de sa fourchette.

Quoique extrêmement maigre, elle avait l'impression d'être grosse. Elle avait installé dans une des salles de bains une chaudière destinée aux bains de vapeur. Elle sortait de ces bains plus pâle, plus émaciée que jamais.

Elle s'était aménagé un atelier dans une grande pièce du rez-de-chaussée. Vêtue d'un pantalon de velours noir, elle peignait, sculptait, pétrissait de l'argile, qu'elle cuisait ensuite dans un grand four, acheté tout exprès en Hollande.

Elle ne descendait jamais au village. Elle se promenait dans le jardin d'un pas lent avec ses deux petits chiens. C'étaient des petits chiens tout frisés, d'un gris qui tirait sur le rose.

Elle ne mettait jamais les pieds à la Maisonnette. Mais à Noël ou à Pâques, elle envoyait des cadeaux princiers à toute la famille.

Elle passait ses soirées en tête à tête avec Mario, dans le grand salon, peuplé de tableaux sombres, de porcelaines précieuses, de miroirs. Quelques bougies étaient allumées sur les chandeliers en argent, et il n'y avait pas d'autres lumières. Ils se tenaient par la main et jouaient avec les petits chiens. C'est ainsi que les surprenait parfois Faluche, le seul à se rendre de temps en temps à la Villa des Hirondelles.

« Au moins, avec ces bougies, disait madame Cecilia, ils font des économies d'électricité. »

Ce n'était pas vrai, ils payaient des factures très salées, peut-être parce que le four venu de Hollande était électrique.

Ils acquirent une grande voiture noire, luisante, aux allures de corbillard. Deux fois par semaine, accompagnée du chauffeur, Xenia descendait en ville, tapie au fond de la voiture, les yeux cachés par ses lunettes noires, son visage pâle enfoncé dans son col de fourrure. Elle allait aux bains turcs, les bains de vapeur ne lui suffisant plus.

Elle avait communiqué à Faluche le plaisir de dépenser. Il s'acheta une Isotta-Fraschini. Il s'acheta un lit inclinable, comme il y en a dans les cliniques, pour lire confortablement le soir avant de s'endormir. Et il fit construire, près de sa chambre, une luxueuse salle de bains dotée d'une baignoire encastrée, à la place d'un débarras où tatie Maria pendait autrefois ses jambons.

Quand Xenia fut prête à accoucher, Mario engagea un gynécologue en Suisse. Ils eurent un deuxième enfant l'année suivante. Ils avaient une nurse suisse, coiffée d'un voile bleu. Ils avaient aussi une nourrice originaire de la Vénétie. Puis Xenia tomba malade et on lui enleva l'utérus. Elle guérit, se remit à sculpter, à peindre, à se promener avec ses petits chiens.

Ses cheveux devinrent très vite gris, et pour une mystérieuse raison elle ne les teignait pas.

Les rares fois où il la voyait, à l'occasion des anniversaires des enfants, le vieux Bouboule disait ensuite à sa femme :

« Tu as vu comme Xenia a vieilli ? Tu as vu comme elle est laide ? Mais comment Mario peut-il coucher avec elle ? »

Vincenzino expliquait tout à l'aide de la psychanalyse. Il disait que Mario avait un complexe maternel, qu'il se sentait protégé par Xenia qui, du fait de son tempérament autoritaire, le dirigeait et commandait.

De temps en temps le vieux Bouboule et Vincenzino recommençaient à croire qu'elle était une espionne : on ne savait rien d'elle, rien de son passé, avant son arrivée au village. Les rares fois où ils la rencontraient, elle parlait très peu et toujours en français, parce qu'elle ne s'était pas donné la peine d'apprendre l'italien.

Nebbia disait :

« Mais non, voyons, ce n'est pas une espionne. C'est juste une fille stupide qui a tissé tous ces mystères autour d'elle pour empêcher qu'on remarque sa stupidité. Comme ces chenilles qui se fabriquent une coquille avec leur salive pour qu'on ne puisse pas les attraper. »

En attendant, Mario avait un peu grossi, il se couchait de bonne heure et n'avait plus d'ennuis d'insomnie ni de logorrhée.

Vincenzino et sa femme s'installèrent à la Casa Mercanti. C'était une petite maison, à la limite du village, qui avait sur le devant une large pelouse plantée de deux ou trois poiriers et à l'arrière un potager enclos où poussaient des choux.

La femme de Vincenzino se prénommait Cate. Elle était grande, belle, robuste, dotée d'une épaisse chevelure blonde qu'elle coiffait tantôt en deux nattes serrées et écrasées sur ses oreilles, tantôt en un casque mou et lourd, enroulé et fixé sur le sommet du crâne.

Elle avait un visage plein, doré par le soleil, semé de taches de rousseur, les pommettes hautes et saillantes, des yeux verts un peu étirés vers le haut, vers les tempes.

Par la suite, on se souvint longtemps d'elle, au village, alors qu'elle revenait du torrent où elle se baignait, le vent fouettant sa jupe sur ses jambes nues, galbées, hâlées, les cheveux humides et ébouriffés sur le front, une serviette mouillée et tachée de sable sur l'épaule.

On se souvint d'elle, tandis qu'elle descendait la colline, les lèvres tachées de jus de mûres, grande, belle, blonde, avec ses enfants blonds.

L'été, elle se rendait au torrent dans une robe bleue, soulignée dans le bas par une bande blanche, un foulard à pois blancs et bleus noué autour de ses cheveux. L'hiver, elle allait skier dans un pull blanc à col roulé. Par les fraîches soirées d'automne, elle s'asseyait dans le jardin, les épaules couvertes d'un châle noir de pauvre.

Elle avait épousé Vincenzino sans amour. Elle avait pensé qu'il était très gentil, un peu mélancolique et qu'il était sûrement intelligent.

Elle avait aussi pensé qu'il avait beaucoup d'argent et qu'elle n'en avait pas.

Pourtant, les premiers temps, à la Casa Mercanti, elle fut envahie par une infinie tristesse. Elle passait de longs après-midi à regarder les choux dans le potager, derrière la maison. Elle avait l'impression que le monde était rempli de choux. Et elle pleurait, parce qu'elle avait une immense envie de retourner chez sa mère.

Borgo Martino n'était pas si éloigné que ça, mais, intimidée par son mari, elle n'osait pas s'y rendre.

À Borgo Martino, elle avait une mère, veuve, qui possédait une petite papeterie. Elle avait aussi trois sœurs encore jeunes, qui étaient à l'école, et la maison était toujours emplie de gaieté et de bruit.

À la Casa Mercanti, en revanche, le silence régnait. Cate tuait le temps en bavardant à la cuisine avec Pinuccia, la domestique que sa belle-mère, madame Cecilia, lui avait cédée. Elle parlait à Pinuccia de sa famille, des fous rires qu'elles piquaient, ses sœurs et elle. Pinuccia écoutait en épluchant les pommes de terre et en se frottant de temps en temps le nez de sa main rêche.

Vincenzino rentrait tard, le soir ; en l'attendant, Cate s'endormait dans son fauteuil.

Vincenzino, lui aussi, s'était marié sans amour. Il avait pensé que Cate était simple et en bonne santé, que c'était une brave fille.

Tortueux comme il était, il avait également pensé qu'un mariage de ce genre plairait à son père. Car il ressemblait d'une certaine façon à celui de Bouboule, lequel avait choisi Cecilia dans un bourg voisin pour la raison qu'elle était blonde, pauvre et en bonne santé.

Une fois marié, il s'aperçut toutefois qu'il n'avait rien à dire à Cate. Ils passaient leurs soirées en silence, face à face, dans deux fauteuils du salon.

Vincenzino lisait un livre en se mettant les doigts dans le nez. De temps en temps, il regardait Cate tricoter, sa tête blonde penchée, dans la lumière rose de l'abat-jour. Il la trouvait très belle, mais il songeait qu'elle n'était pas son genre : il aimait les brunes ; les blondes ne lui disaient rien.

L'après-midi, Cate pleurait énormément, enfermée dans sa chambre, près de la fenêtre donnant sur les choux. À son retour, voyant son visage bouffi et ses yeux rouges, Vincenzino lui proposait gentiment de rendre visite à sa mère, à Borgo Martino, le lendemain.

Peu à peu, elle prit l'habitude d'y aller souvent à bicyclette. Elle y allait presque tous les jours ; parfois, elle y allait aussi le dimanche après-midi. De toute façon, Vincenzino occupait ses dimanches après-midi à dormir, à lire ou à bâtir des projets pour l'usine, et refusait catégoriquement de sortir.

Demeuré seul, il errait dans la maison en pyjama. Les pièces étaient fraîches dans la pénombre, il y régnait un silence reposant. Même Pinuccia était de sortie. Il se versait un grand verre de whisky avec des glaçons et de l'eau minérale. Il avait appris en Amérique à boire du whisky. Il s'asseyait dans son fauteuil, au salon, muni d'un livre, près de son verre.

Il aimait cette solitude. Elle lui apportait un profond soulagement, un apaisement.

Puis ils eurent des enfants. Un garçon, une fille et de nouveau un garçon. Devant la maison, des langes flottaient au vent, sur une corde attachée entre deux poiriers, et l'on voyait dans l'herbe des quilles et des petits seaux. Une paysanne de Soprano vint surveiller les enfants, et on la revêtit de tabliers bleus. Maintenant qu'elle était occupée, Cate avait cessé de pleurer. Elle désertait un peu Borgo Martino.

Mais, au village, personne ne lui plaisait. Elle trouvait madame Cecilia ennuyeuse, une vieille *piauleuse*, mot qu'on utilisait chez elle, à Borgo Martino, et qui signifiait plus ou moins vieille pipelette. Elle était en froid avec Gemmina, et ce depuis qu'elle avait épousé Vincenzino. Gemmina était peut-être jalouse d'elle, à cause de sa beauté ; peut-être pensait-elle que Cate avait épousé Vincenzino pour son argent, sans amour.

Faluche lui était antipathique. Xenia lui semblait folle. Elle aimait assez Nebbia, notamment parce qu'il était originaire de Borgo Martino ; quant à Poupette, l'épouse de Nebbia, elle la détestait, elle la considérait comme une bonne à rien qui s'occupait mal de ses enfants, toujours un peu sales et toujours à l'intérieur.

Parfois elle allait se baigner au torrent avec Raffaella, la sœur cadette de Vincenzino. Mais Raffaella aussi l'assommait au bout d'un moment.

À l'âge de dix-huit ans, Raffaella était un garçon manqué. Elle se déchaînait avec les enfants, les entraînant dans des jeux trop bruyants et trop dangereux, par exemple, plonger aux endroits les plus tourbillonnants du torrent et monter sur les rochers les plus hauts.

Cate se mit à dépenser de l'argent, puisqu'il y en avait tant. Elle commanda quelques tenues en ville. Elle commanda aussi une fourrure de *rat musqué** noir ; cependant elle la mettait rarement : elle estimait qu'elle lui donnait un air, comme on disait chez elle, à Borgo Martino, de vieille *dadame*. Un mot qui signifiait, dans le jargon de ses sœurs, bourgeoise.

Pour imiter Xenia, elle acheta un fuseau en velours noir. Mais Nebbia lui dit qu'il ne la flattait pas, car il lui grossissait les hanches. Vexée, elle dit à Vincenzino que Nebbia pouvait parler, avec sa femme affublée de chiffons.

Elle commandait des gressins à Torre. Et elle envoyait Pinuccia chercher des fraises à Castel Piccolo. Pinuccia rentrait en nage, à cause de la montée au soleil, et bredouille parce que les occupants de la Villa des Hirondelles avaient raflé toutes les fraises de bon matin.

Parfois, elle rendait visite à madame Cecilia, à la Maisonnette. Madame Cecilia lui montrait ses hortensias, ses œillets et ses roses, ainsi qu'un buisson de roses musquées, dont Faluche lui avait apporté une graine de Hollande.

Elle allait également aux Pierres. Tonton Tommaso venait à sa rencontre, à la grille, et lui baisait la main, frottant dessus sa joue de vieillard bien rasée et rose, parce qu'il aimait qu'on dise de lui qu'il était un libertin et qu'il continuait de courtiser les belles femmes à soixante-dix ans bien sonnés.

Tatie Maria était là, avec ses cheveux gris tirés et son long nez rouge, qui avait sur une narine une verrue aussi grosse qu'un pois ; elle lui offrait une petite assiette d'abricots, un verre de vin de paille ; elle l'embrassait, l'embrassait encore et veillait à dire :

« Comment vas-tu ? Tu vas bien ? Bien, bien ! Et les petits ? Bien, bien ! Et ta mère ? Bien, bien, ce que tu es bien ! »

Tatie Maria n'était pas non plus amusante.

Cate prit l'habitude d'aller à la montagne chaque dimanche – l'été pour faire de l'escalade, l'hiver du ski – en compagnie de Nebbia, de Faluche et de Raffaella.

Nebbia lui disait qu'elle skiait mal, qu'elle n'avait pas de style, qu'elle descendait comme un sac. Nebbia et elle se disputaient toujours un peu, parce qu'ils se connaissaient depuis l'enfance.

Raffaella se conduisait comme une vaurienne, elle s'élançait dans les descentes en poussant des hurlements de sauvage et leur assenait à tous de grandes tapes dans le dos, de ses mains aussi dures que du plomb. Lorsqu'elle était à la montagne, en plein air, elle se déchaînait plus que jamais. Surtout elle s'amusait à jouer des tours à Faluche : elle lui tendait du savon quand il demandait du fromage, ou du fromage quand il demandait du savon. Ou alors elle lui fourrait dans le cou des bogues de châtaignes, apportées tout exprès de son jardin. Faluche détachait patiemment les bogues de son pull-over en laine. C'étaient des plaisanteries inoffensives, un peu bêtes, de potaches.

Ils se moquaient tous de Faluche, qui était fasciste jusqu'au bout des ongles ; ils le singeaient accueillant à l'usine les hiérarques d'un brusque salut romain.

Faluche plissait sa petite bouche en un sourire, il écartait la main dure comme du plomb de Raffaella qui lui assenait de grands coups de poing dans le ventre.

Vers le soir, ils se reposaient au chalet, buvant du vin chaud et chantant.

Linda, ô Linda, mon trésor bien-aimé
T'es d'dans, moi dehors sous l'ciel bleu !

C'était la chanson de Nebbia.

Mais Nebbia tenait à rentrer de bonne heure chez lui pour éviter que Poupette ne lui fasse la tête. Alors Cate se moquait de lui, parce qu'il avait peur de Poupette.

Ils avaient laissé la voiture aux Alpette, un petit village sur leur chemin. C'était toujours celle de Nebbia, car Faluche conservait son Isotta-Fraschini dans du coton.

À son retour, Cate trouvait Vincenzino encore en train de lire, avec son verre de whisky. Elle en avalait une petite gorgée et frissonnait, n'étant pas habituée à ce goût très fort.

« Comment ça va, mignonne ? » lui disait-il.

Et il se replongeait dans sa lecture. Elle allait se déshabiller, choisissait une chemise de nuit dans la commode. Elle avait de belles chemises de nuit fines, en soie brodée, en *chiffon**, comme elle les aimait.

« Quelle belle chemise ! » disait Vincenzino lorsqu'il venait se déshabiller à son tour.

Elle disait :

« Quand j'étais jeune, ma mère m'obligeait à porter des chemises de nuit en flanelle à fleurs et à manches longues, que je ne supportais pas. »

Et elle disait en s'endormant :

« Faluche n'est pas si mal que ça. »

Elle était contente, se sentait pleine de tolérance et d'amitié pour tout le monde.

Puis elle commença à se rendre aux fêtes, aux bals. Quand Vincenzino ne l'accompagnait pas, Faluche le remplaçait.

Au village, le bruit se mit à courir qu'elle était la maîtresse de Faluche. Elle le savait, car Pinuccia, sa domestique, le lui avait rapporté. Elle le raconta à Vincenzino en riant :

« Moi, avec Faluche ! »

Mais désormais le vieux Bouboule la regardait de travers lorsqu'elle se présentait à la Maisonnette et il lui donnait tort, quoi qu'elle dise.

De temps en temps, elle recevait la visite de ses sœurs, des petites jeunes filles maintenant. Elles couchaient aussi chez eux et chahutaient avec les enfants après le dîner. Cate, qui avait une invitation pour la soirée, s'habillait avec impatience.

Vincenzino lui disait :

« Pourquoi n'emmènes-tu pas tes sœurs ? »

Elle répondait en fixant ses boucles d'oreilles :

« Non, elles sont trop jeunes. Et puis, elles ne sont pas invitées. »

En réalité, elle ne voulait pas les emmener, de crainte qu'on les juge un peu vulgaires.

Elle disait :

« Et puis elles n'ont rien à se mettre. »

Vicenzo disait :

« Tu n'as qu'à leur acheter une robe demain. »

Parfois Nebbia venait passer la soirée en leur compagnie. Il laissait Poupette chez lui car Cate et Poupette se détestaient. Nebbia discutait avec Vincenzino de l'usine ; ils désapprouvaient tous deux le vieux Bouboule, qui avait des idées d'un autre temps.

Cate s'ennuyait, elle attendait que la conversation aborde des sujets agréables.

Elle disait :

« Ce que vous êtes ennuyeux…

– Tais-toi donc », lui disait Nebbia.

Ils se tutoyaient parce qu'ils étaient amis d'enfance.

« La vie, dit-elle un soir à Nebbia, est vraiment belle. »

Elle s'était beaucoup amusée dans l'après-midi, lors d'un thé à la Villa des Hirondelles. Elle avait fait la connaissance d'un violoniste, un ami de Xenia, qui séjournait là : un petit homme que tout le monde appelait « maestro », à l'exception de Xenia, qui le tutoyait.

« La vie, dit Nebbia, est belle pour Vincenzino et pour moi, qui sommes occupés. Mais pour toi, qui ne fais rien de tes journées, ce doit être un sacré ennui.

– Moi, je ne fais rien ? dit-elle.

– Eh non. Qu'est-ce que tu fais ? dit Nebbia.

– Et ta femme, qu'est-ce qu'elle fait, ta femme ? dit-elle.

– Ma femme, dit Nebbia, ne fait rien, elle non plus. Vous avez des domestiques pour les enfants et la maison. Vous êtes des bourgeoises et vous vous ennuyez comme toutes les bonnes femmes.

– Je ne suis pas une bonne femme ! Je ne suis pas une bourgeoise ! Pour une raison que j'ignore, je ne suis pas une bourgeoise, pas du tout ! »

Vincenzino éclata de rire.

« Et puis, dit-elle, en admettant que je sois une bourgeoise, ça m'est totalement égal. Et je ne m'ennuie pas, je m'amuse. J'ai beau avoir une nurse, je m'occupe des enfants, je les emmène en promenade par n'importe quel temps. Poupette, elle, ne les emmène jamais en promenade, parce qu'elle a peur qu'ils attrapent un rhume. Ils sont pâles. Les miens n'ont jamais le moindre mal de gorge. »

Ayant parlé à toute allure, elle était à bout de souffle. Mais Nebbia ne voulait pas qu'on touche à sa Poupette.

Il dit : « Laisse Poupette tranquille. Qu'est-ce qu'elle t'a fait ?

– À moi, rien », dit Cate avant de hausser les épaules.

Puis elle dit : « Je suis allée aujourd'hui à la Villa des Hirondelles. Ils ont mis dans l'entrée deux grands anges en bois doré. Ils les ont trouvés chez un antiquaire, en ville. Ils ne sont pas terribles.

« Nous autres, dit-elle, nous devrions déménager car nous sommes à l'étroit ici. Il n'y a même pas buanderie, il faut repasser à la cuisine. À la Villa des Hirondelles, il y a une grande buanderie remplie de placards où le linge est bien rangé. Et la cuisine a été refaite à neuf, avec un sol en marbre, magnifique.

– Il n'est pas question de déménager, dit Vincenzino, je suis très bien ici. »

Cette discussion à propos de la maison se répétait presque chaque soir.

« Xenia, dit Cate, n'est pas si désagréable que ça. Elle est toujours très gentille avec moi. »

Peu intéressé par ces discours, Nebbia s'était endormi pendant ce temps, la tête sur le dossier du fauteuil. En rêvant, il affichait un sourire langoureux.

« Pourquoi vient-il ici, s'il doit dormir ensuite ? dit Cate. Ce qu'il est devenu ennuyeux, ce Nebbia. Un vrai *ruiste.* »

Après le départ de Nebbia, elle alla se coucher. Vincenzino arpentait encore la maison, il prenait un livre et tombait dedans, la tête la première.

Cate pensait au violoniste qu'elle avait rencontré chez Xenia : il était resté tout le temps assis près d'elle, sur un tabouret, et lui avait dit qu'elle avait un visage très intéressant, qu'elle ressemblait au Printemps de Botticelli.

Il s'appelait Giorgio Tebaldi. Il était tout petit, avec des cheveux gris, et s'exprimait d'une voix chantante.

Il était si petit qu'il ne lui arrivait même pas à l'épaule ; et déjà tout gris, signe qu'il ne devait plus être jeune.

Il ne lui plaisait pas, et pourtant elle aurait aimé demeurer éternellement dans le salon de la Villa des Hirondelles, écoutant cette voix si douce, chantante, qui la berçait.

Cette voix produisait en elle une sorte de miaulement, lorsqu'elle y repensait : un miaulement qui la dérangeait, mais qui la tourneboulait aussi.

Comme il est bon, comme il est bon de vivre ! Et comme c'est dangereux ! C'est vraiment dangereux, mais si bon ! songea-t-elle.

«Je ne suis pas du tout bourgeoise, dit-elle à Vincenzino qui s'était couché à côté d'elle. Nebbia ne comprend rien à rien. Sa femme est une vraie bourgeoise, ça oui, mais pas moi.

– Non, mignonne», dit Vincenzino.

Et ils s'endormirent.

Le lendemain, Cate fut une nouvelle fois invitée à la Villa des Hirondelles. Elle trouva Xenia et le violoniste dans le jardin, buvant du jus de pamplemousse dans des verres de couleur verte.

À cause de Xenia, il fallait parler français ; Cate l'écorchait, ce qui la remplissait de honte.

Puis ils passèrent au salon, et Xenia s'assit au piano. Le violoniste se mit un foulard sur l'épaule, posa son menton sur le violon, durcit les muscles de son visage et joua la *Valse triste* de Sibelius.

Xenia l'accompagnait au piano, ses grands yeux lourds et fardés traversés par un regard à la fois somnolent et ironique, murmurant la musique, la bouche fermée.

Après quoi, ils se promenèrent tous trois dans le bois, derrière les petits chiens.

Le lendemain, le violoniste vint chercher Cate et l'emmena en autobus chez l'antiquaire, en ville, car Cate avait dit qu'elle aimait les deux grands anges dorés, qu'elle voulait les mêmes.

Ce n'était pas vrai, elle l'avait dit uniquement pour être aimable avec Xenia et parce qu'elle était contente.

L'antiquaire n'avait plus d'anges, mais une tête de Maure, et le violoniste dit qu'elle était assez belle.

Cate l'acheta.

L'antiquaire promit de la lui livrer. Ils entrèrent ensuite dans un café. C'était un café très sombre, désert, et ils s'installèrent dans un coin, au fond. Le violoniste regardait Cate qui, ne sachant que dire, jouait avec son écharpe.

Elle se sentait engluée dans le regard de l'homme, comme dans les mailles d'un filet ; elle était gênée, avait envie de se sauver et en même temps de rester indéfiniment là.

Le violoniste lui dit de sa voix très caressante :

« Je suis ravi d'avoir fait ta connaissance. »

Elle dit bêtement :

« Vous n'avez pas à me tutoyer. »

Aussitôt après avoir prononcé ces mots, elle fut saisie de honte. Elle consulta sa montre et dit que c'était l'heure de l'autobus, qu'il fallait partir.

Comme l'autobus était plein, elle seule put s'asseoir. Le violoniste demeura debout près de la portière.

Elle l'observa de loin : petit, les cheveux gris, dans son manteau clair trop grand pour lui, une main dans la poche, il avait l'air pensif, un peu triste.

Alors elle songea qu'à bien les regarder, les hommes avaient tous cet air vulnérable, solitaire, pensif, et qu'ils attendrissaient les femmes ; elle songea que c'était très dangereux.

Le violoniste demanda à monter un moment chez elle pour prendre une tasse de thé.

Pendant qu'ils buvaient du thé au salon, Vincenzino rentra. Comme chaque fois qu'on lui présentait quelqu'un, il redressa les épaules et posa sur l'homme un regard perçant, un éclair froid.

Il s'assit et parla de musique, les yeux dans le vague : un long, un interminable murmure. Au bout d'un moment, Giorgio Tebaldi les salua.

Cate passa dans sa chambre et se jeta sur le lit ; elle avait très envie de rire et en même temps elle avait peur.

« Ce qu'il est petit ! Ce qu'il est petit ! Tout petit ! disait-elle, riant en son for intérieur. Et puis il n'est pas beau, il est laid. Vincenzino est plus beau, Nebbia et Faluche aussi. »

Elle le revoyait se mettre un foulard sur l'épaule, poser le menton sur son violon, durcir les muscles de son visage ; pour une raison qu'elle ignorait maintenant, il lui faisait de la peine, avec son violon et son foulard.

Elle ne l'avait appelé maestro qu'une seule fois et elle avait eu l'impression d'être ridicule, n'étant pas habituée à appeler les gens de la sorte.

La tête de Maure arriva le lendemain. Cate la plaça au salon sur une étagère. Vincenzino la jugea très laide, et Nebbia horrible. Mais Vincenzino lui dit de la garder dans le salon si elle lui plaisait, parce qu'en ce qui le concernait il se fichait pas mal des bibelots et de l'ameublement.

Le lendemain, Giorgio Tebaldi revint chercher Cate et ils allèrent se promener dans la campagne.

C'est ainsi qu'ils devinrent amants.

Cela dura quelques jours, après quoi il partit. Il lui envoya deux cartes postales, l'une de Vérone, l'autre de Florence, uniquement revêtues de sa signature. Il lui avait demandé s'il pouvait lui écrire de temps en temps en poste restante, et elle avait dit non.

Ce n'était rien, rien, pensait-elle. Cela arrive à un tas de femmes, à un tas de femmes. Et ce n'est rien, personne ne l'a su, je dois faire semblant de rien.

Mais elle se lassa de la tête de Maure et la fourra dans le placard à chaussures. Retourner à la Villa des Hirondelles l'ennuyait également. Cependant elle y retournait, car Xenia y organisait souvent des thés et des réceptions. Cate croyait distinguer un sourire vaguement ironique dans les yeux las et lourds de Xenia tandis qu'elle lui tendait du jus de fruit dans un verre de couleur verte, comme en ce jour lointain.

Un soir, alors qu'ils rentraient de la Villa des Hirondelles, elle dit à Vincenzino :

« Tu sais, je m'étais un peu éprise de ce violoniste.

– Quel violoniste ? dit-il.

– Giorgio Tebaldi.

– Ah. »

Il lui dit au bout d'un long silence :

« Tu as fait l'amour avec lui ?

– Non, dit-elle. Non. »

Mais son cœur était aussi lourd qu'une pierre, à cause de ce mensonge.

Quand elle était seule, elle fondait parfois en larmes et disait :

« Pourquoi suis-je donc si malheureuse ? »

Et elle disait : « Ah, si Vincenzino n'était pas si bizarre ! S'il me parlait, s'il était différent ! S'il était différent, s'il ressemblait davantage aux gens ! Alors je serais moi aussi une femme différente, meilleure ! »

Puis elle commença à faire l'amour avec n'importe qui. Elle fit même l'amour avec Faluche. Pas avec Nebbia, jamais : il était impensable de faire l'amour avec Nebbia, attaché comme il était à sa Poupette.

Vincenzino savait tout. Et elle voyait bien qu'il savait tout ; elle le détestait, parce qu'il savait et demeurait inchangé, se promenant seul, buvant du whisky, bâtissant des projets pour l'usine, tombant la tête la première dans les livres.

Après la guerre, Vincenzino et Cate se séparèrent. Les enfants étaient à Rome, au pensionnat.

Pendant toute la guerre, Cate et Xenia avaient vécu avec leurs enfants à Sorrente. Xenia avait eu l'idée de Sorrente, une idée heureuse car la guerre ne passa pas par là.

Puis Cate et Xenia se querellèrent pour une histoire de draps. Mais c'était un prétexte : leurs relations s'étaient détériorées depuis longtemps pour des raisons impénétrables.

Cate quitta Sorrente et loua à Rome un appartement, situé viale Parioli.

Mario revint de sa captivité en Allemagne, les poumons en mauvais état, une maladie aux intestins. Xenia et lui regagnèrent la Villa des Hirondelles. Xenia engagea en Suisse un homéopathe à demeure pour soigner Mario.

Il lui administrait de minuscules portions d'une poudre verte, ainsi que de petites pilules blanches ; il lui avait prescrit un régime de légumes crus, que Xenia passait dans un mixeur électrique du nom de Gogo, alors à la mode.

Mario était content.

Il mourut pourtant au bout de quelques mois, toujours content et plein de confiance dans le médecin, avec lequel il jouait toute la journée aux échecs. Les derniers jours, le médecin, effrayé, l'hospitalisa dans une clinique en ville, où il mourut.

Xenia abandonna la Villa des Hirondelles, et Faluche s'y installa. Elle emménagea en ville avec ses enfants et épousa le médecin suisse, mais elle continuait de porter le deuil et d'acheter des douzaines et des douzaines d'œufs au village, parce que ceux de la ville ne lui semblaient pas très frais.

Raffaella, qui avait été maquisarde, ne parvenait pas à se réhabituer à une vie paisible. Elle s'était inscrite au parti communiste et elle battait la campagne à bicyclette avec des opuscules de propagande. Tommasino était au pensionnat à Salice, il rentra au village après le lycée : un grand garçon maigre qui allait sur ses dix-huit ans.

Tommasino et Raffaella emménagèrent dans un petit logement, en plein village, derrière l'usine. Ils prenaient leurs repas au restaurant du Concordia. Mais Faluche leur dit qu'ils pouvaient se faire construire une belle maison.

Raffaella refusait, elle disait que l'argent n'était pas à eux, qu'il était aux ouvriers.

Pourtant, elle se fit construire avec Tommasino une maison. Une maison très moderne, toute ronde, au toit plat, dotée d'un escalier extérieur circulaire, semblable à ceux des bateaux. Elle se trouve là, au-dessus de la Villa des Hirondelles, au sommet de la colline.

Raffaella s'acheta un cheval, parce qu'elle était obsédée par les chevaux depuis l'enfance.

Tommasino s'inscrivit à l'école nationale d'agriculture, en ville. Il rentrait au village le samedi. Raffaella avait quitté le parti communiste pour un parti de communistes dissidents qui ne comptait que trois membres dans toute la région.

Vincenzino appartenait, quant à lui, à la gauche chrétienne.

Il s'était battu sur le front grec, avait été capturé et emmené en Inde. Il regagna l'Italie plus d'un an après la fin de la guerre. Cate et les enfants étaient à Rome.

Ils mirent les enfants en pension. C'étaient désormais des adolescents. Cate et Vincenzino avaient décidé d'un commun accord de se séparer.

Cate s'était coupé les cheveux, elle les portait à présent très courts, brossés en arrière. Son visage était maigre, dur, sa bouche un peu incurvée vers le bas.

Vincenzino n'avait pas changé, si ce n'est qu'il avait des lunettes pour lire parce qu'il était devenu presbyte.

Ils retournèrent ensemble au village. Cate descendit à l'hôtel Concordia, et Vincenzino regagna la Casa Mercanti. Ils ne se considéraient plus comme mari et femme. Ils étaient très aimables l'un envers l'autre, mais se disputaient de temps en temps sous un prétexte ridicule.

Raffaella rendit visite à Cate au Concordia.

Cate tint à apporter des fleurs à Bouboule et à madame Cecilia, au cimetière. Elle y alla avec Raffaella. Bouboule et sa femme étaient enterrés tous les deux dans un caveau en forme de coupole, pareil à une petite villa entourée d'arbustes. Bouboule s'était acheté cette tombe à l'époque lointaine où il avait eu une maladie à la vésicule biliaire.

Cate pleurait en se mouchant dans un tout petit mouchoir. Sa mère aussi était morte pendant la guerre, à Borgo Martino. Ses sœurs, mariées, vivaient ailleurs. La papeterie avait disparu: on l'avait remplacée par un garage.

Elles allèrent ensuite aux Pierres. Tonton Tommaso était toujours frais, rose et beau, mais totalement gâteux. Il ne reconnut pas Cate. Il demandait d'une voix forte à Raffaella :

« Qui est-ce ? Qui est-ce ? »

Tatie Maria était à la cuisine, avec Pinuccia, qui travaillait désormais pour eux.

Pinuccia et Cate s'embrassèrent.

Tatie Maria offrit du vin de paille et des figues tout en disant :

« Tu t'es coupé les cheveux ? Bien, ce que tu es bien ! »

Elle le disait toutefois avec moins d'assurance qu'avant.

Alors qu'elles repartaient, Cate pria Raffaella de lui montrer l'endroit, derrière les Pierres, où Nebbia avait été tué.

Raffaella l'y mena. Il y a là un grand rocher pointu et taché de lichens. L'endroit exact où il a été tué.

Cate pleurait. Elle touchait tout, le rocher, les arbres environnants et le buisson où l'on avait trouvé son chapeau. Elle regardait, touchait, pleurait.

Elle n'avait envie de voir ni Gemmina, ni Faluche, aussi s'engagèrent-elles sur la route carrossable qui évitait la Maisonnette et longeait le bois de la Villa des Hirondelles.

Cate n'arrêtait pas de pleurer. Raffaella lui dit :

« Qu'est-ce que tu pleures ! Tu es une vraie fontaine ! »

Mais elle la conduisit chez elle, l'invita à s'allonger sur le lit, lui donna une bouillotte et de l'aspirine.

Cate dit :

« Pourquoi tout a été gâché, tout ?

– Qu'est-ce qui a été gâché ? » dit Raffaella.

Elle tint à amener Cate à l'écurie pour qu'elle voie son cheval. Cate, qui n'y connaissait rien en chevaux, le regarda tout de même en souriant, par complaisance, et dit qu'il avait une belle robe. Elle posa un doigt sur sa queue. Le cheval fit un écart et tapa du sabot par terre, ce qui l'effraya.

« Tu as toujours été une sacrée trouillarde, dit Raffaella. Tu te souviens du temps où on allait à la montagne ? Tes jambes tremblaient dans la descente, et Nebbia se mettait en colère.

– Oui, dit Cate.

– Et quand, au torrent, je disais aux enfants de plonger ? Là aussi tu avais peur.

– Oui, dit Cate, qui fondit en larmes une nouvelle fois.

– Ça suffit, pour l'amour de Dieu », dit Raffaella.

Entre-temps Vincenzino était arrivé. Cate se lava la figure, dit adieu à Raffaella et s'achemina avec Vincenzino sur le sentier qui mène à la Casa Mercanti.

« Quel village affreux ! dit Cate. Quel village affreux, affreux ! Un village de *ruistes* ! Je me demande comment j'ai pu vivre ici si longtemps. »

Il fallait dresser l'inventaire des meubles, vider les armoires, compter les objets qui appartenaient à l'un ou à l'autre, compter les couverts, les assiettes.

Vincenzino chaussa ses lunettes et se mit à écrire dans un carnet.

Agenouillée sur le tapis, Cate entreprit de compter les fourchettes et les cuillers.

« Je me fiche pas mal de ces cuillers, dit-elle soudain.

– Et moi, je m'en fiche encore plus que toi, dit Vincenzino.

– Alors, pourquoi les comptons-nous ?

– Parce que c'est comme ça », dit-il.

Cate poussa un soupir et recommença.

« Que vas-tu faire de cette maison ? dit-elle. Viendras-tu y vivre avec quelqu'un ?

– Je ne sais pas.

– C'était une belle maison, mais je ne l'aimais pas quand j'y vivais. Je voulais en trouver une autre, et tu ne voulais pas. Tu te souviens ?

– Oui.

– J'étais stupide, dit-elle, j'étais stupide parce que j'étais jeune, voilà tout.

« Voir tous ces choux de la fenêtre de notre chambre me rendait mélancolique, dit-elle. Maintenant il n'y a plus de choux sur ce lopin de terre, on a commencé à construire un magasin, ou quoi ?

« Le soir, Nebbia s'asseyait dans ce fauteuil, dit-elle. On était si bien… L'avoir là, endormi, semblait bien peu de chose, et maintenant c'est terminé !

– Le bonheur, dit Vincenzino, semble toujours peu de chose, comme l'eau, on ne le comprend que lorsqu'on l'a perdu.

– C'est vrai » dit Cate. Elle réfléchit un instant et dit :

« Le mal que nous faisons aussi semble bien peu de chose, une bêtise, de l'eau fraîche, pendant que nous le faisons. Sinon les gens s'en abstiendraient, ils prendraient des précautions.

– C'est vrai », dit Vincenzino.

Et Cate dit :

« Pourquoi avons-nous tout gâché, tout gâché ? »

Et elle fondit en larmes.

Elle dit : « Je ne peux pas quitter cette maison ! J'ai élevé mes enfants ici ! J'ai vécu ici tant d'années, tant d'années ! Je ne peux pas, je ne peux pas la quitter ! »

Vincenzino dit :

« Alors tu veux rester ? »

Et Cate dit : « Non. »

Elle partit le lendemain.

Vincenzino resta seul.

Il s'attarda un peu à la Casa Mercanti, puis s'installa avec Tommasino et Raffaella au sommet de la colline.

Une ou deux fois par mois, il allait en voiture à Rome voir ses enfants. Cate vivait à Rome dans son appartement donnant sur le viale Parioli. Ils ne se rencontraient jamais.

Vincenzino apportait à ses enfants des sucreries et des cadeaux. Un jour il leur apporta aussi une flûte. Or ses enfants ne s'intéressaient pas à la musique, ils n'aimaient que les mécanismes, les moteurs.

La gauche chrétienne s'étant dissoute, il n'appartenait plus à aucun parti. Il écrivit un livre sur sa captivité en Inde et obtint un succès retentissant.

Il en fut surpris, heureux, mais il cessa bien vite d'y penser.

À présent, c'était lui qui commandait, à l'usine. Il avait les mains libres et la possibilité d'agir à sa guise. Il avait à l'esprit d'innombrables projets et la possibilité de les mettre à exécution. Il avait à l'esprit un tas de choses.

Il n'avait pas changé, ses boucles étaient toujours blondes, drues, aussi épaisses qu'un tapis. Il n'avait pas un seul cheveu gris. Mais il avait acquis une assurance mêlée de lassitude et d'autorité qui plaisait aux femmes.

Il aurait sans doute pu avoir toutes les femmes qu'il voulait. Or il n'en voulait aucune.

Quand il se rendait en ville, il s'attardait parfois toute la soirée chez Xenia. Il jouait aux échecs avec le médecin suisse que Xenia avait épousé, et buvait du whisky. Ce médecin lui dispensait des conseils pour son foie, détraqué par le whisky, il lui donnait, dans de nombreux petits papiers, de minuscules doses de sa poudre verte.

Au village, il passait parfois ses soirées avec Faluche. Il était surpris d'aimer occuper son temps ainsi, avec ses anciens ennemis, Xenia et Faluche.

Faluche était rentré de Suisse, encore très apeuré, après la guerre ; si apeuré qu'il avait attendu un moment avant de s'y résoudre. Il s'était enfermé à la Villa des Hirondelles et il ne mettait pas les pieds à l'usine : maigre, dévoré par la peur, il restait là, coiffé de sa faluche et vêtu de son pardessus, car l'eau avait gelé dans les radiateurs et les chaudières avaient éclaté, raison pour laquelle il fallait allumer des poêles à bois qui ne tiraient pas bien et chauffaient mal.

Il se consumait de chagrin à la pensée d'avoir été fasciste : c'était à ses yeux une bêtise énorme, impardonnable, qui souillerait toute son existence. Parfois il envisageait le suicide, obligeant Vincenzino à le consoler et le calmer.

Il suppliait Vincenzino de dire à tout le monde que lui, Faluche, avait sauvé Bouboule en lui faisant quitter le village. S'il ne l'avait pas conduit à Cignano, les fascistes auraient tué le vieux Bouboule.

« Mais tout le monde le sait, au village », disait Vincenzino.

Il le regardait, avec cette faluche, ses joues mal rasées, sa pomme d'Adam dépassant de son col déboutonné, ses mains pâles au dos poilu. Il l'avait beaucoup détesté, il avait gaspillé beaucoup de haine contre sa moustache, contre sa faluche, contre son nez recourbé, il avait gaspillé beaucoup de haine et beaucoup de peur à l'idée qu'il lui vole l'usine, le pouvoir, l'amour de son père, ou quoi d'autre encore ! Maintenant toute cette haine s'était dissipée, et ça aussi c'était triste.

Raffaella rendait souvent visite à Faluche, elle lui rallumait ses poêles, qui s'étaient éteints, et lui demandait des conseils pour son cheval. Faluche disait qu'il s'y connaissait en chevaux, ayant eu dans sa jeunesse un ami qui possédait une écurie.

Il disait à Raffaella aussi qu'il voulait se suicider, parce qu'il avait commis une erreur et que sa vie n'avait plus de sens.

Raffaella disait :

« Tu es fou, ou quoi ? Tu ne veux tout de même pas te tuer sérieusement ? Arrête un peu ! »

Elle lui donnait de grands coups dans le dos, de ses mains aussi dures que du plomb.

Elle lui disait :

« Tu n'étais pas le seul fasciste ! L'Italie en était pleine ! »

Puis elle lui disait :

« Inscris-toi à mon parti. »

Faluche disait :

« Communiste, moi ? Jamais !

– Tu ignores donc que je ne suis plus communiste ? disait Raffaella. Je suis trotskiste. Pour

Trotski. Mais tu ne sais peut-être même pas qui était Trotski. »

Peu à peu Faluche reprit courage et retourna travailler à l'usine. Il recommença aussi à fréquenter des gens, les Sartorio, les Terenzi, les Bottiglia.

Il refusa d'adhérer à un parti. Il prétendait que la politique l'écœurait. Pourtant, le soir, chez le général Sartorio, il se hasardait à dire :

« Mussolini était un homme bien. »

Et il glissait ses pouces dans son gilet.

« Dommage qu'il se soit allié avec les Allemands, disait-il. S'il ne s'était pas allié avec les Allemands, les choses auraient pris un pli très, très différent. Si l'Italie, comme la Suisse, était restée neutre. »

Il parlait alors de la Suisse, où il avait vécu longtemps et qu'il disait connaître comme sa poche.

Il se remit à aller de ferme en ferme, comme avant la guerre, sous un prétexte ou un autre, et à faire l'amour avec toutes les paysannes. Au village, il a une réputation de don Juan.

Au village, quand on voit une paysanne, un bébé dans les bras, on dit :

« C'est un enfant de Faluche. »

On lui attribue des centaines d'enfants.

Puis le bruit courut qu'il épouserait Raffaella. Les villageois furent abasourdis.

« Faluche avec Raffaella !

« La pauvre, disaient-ils, pauvre Raffaella ! Quel malheur ! Quel malheur ! »

Vincenzino l'apprit par Gemmina. Il fut lui aussi abasourdi, puis il éprouva une telle rage qu'il aurait brisé tout ce qui se trouvait devant lui.

Il vivait sous le même toit que Raffaella, ils déjeunaient et dînaient ensemble. Pourtant, elle ne lui avait rien dit.

« Faluche, dit Gemmina, a sans doute planifié ça depuis longtemps. Peut-être même du temps de papa et maman. »

Et elle dit : « Heureusement que Bouboule n'est pas là pour voir ça. »

Parfois, par coquetterie, Gemmina appelait son père Bouboule.

Et elle dit : « Faluche est comme les serpents, ils ont une vue perçante.

– C'est la première fois que j'entends dire que les serpents ont une vue perçante », dit Tommasino, qui était présent.

Ce soir-là, Vincenzino dit à Raffaella :

« Tu vas épouser Faluche, c'est bien vrai ?

– Oui », dit-elle.

Maintenant qu'ils étaient face à face, il n'éprouvait plus de rage. Il éprouvait juste de la gêne, de l'effroi.

Il dit : « Mais pourquoi ? »

Elle dit : « Parce que je l'aime. »

Il pensa qu'il n'aimait pas Cate quand il l'avait épousée et qu'il avait dans la tête d'étranges théories. Et il se tut.

Mais il passa toute la nuit à se tourner et se retourner dans son lit en disant : « Comment peut-on aimer Faluche ? »

Incapable de se résigner, il posait la question à Tommasino pendant qu'ils se rasaient, le matin de bonne heure, dans la salle de bains.

« Comment peut-on aimer Faluche ? »

Tommasino aussi l'ignorait.

Puis, peu à peu, il cessa d'y songer. Pourquoi se tourmenter pour les autres ? De toute façon, chacun agissait à sa guise.

Il offrit à Raffaella un réfrigérateur en guise de cadeau de mariage. Les réfrigérateurs étaient depuis peu à la mode, mais personne n'en possédait encore au village.

Raffaella emménagea à la Villa des Hirondelles. Elle voulait y emmener son cheval, or Faluche le lui interdit. Où le mettre, Villa des Hirondelles ? À la Villa des Hirondelles, il n'y avait pas d'écurie.

Le cheval resta à la Maison Ronde, ainsi que Raffaella appelait la maison au sommet de la colline.

Il y resta un moment, soigné par les enfants de la fermière. Au début, Raffaella venait le voir tous les jours, puis elle l'oublia.

Ils finirent par le vendre.

Raffaella et Faluche ont un enfant qui se prénomme Pepè.

Raffaella, comme mère, est une sacrée trouillarde. Elle promène Pepè emmitouflé dans de la laine, elle n'arrête pas de lui ôter et de lui mettre tricots et cardigans. L'idée de le faire plonger dans l'eau glaciale du torrent, comme elle y incitait autrefois les enfants de Cate et de Vincenzino, ne l'effleure même pas.

Demeurés seuls, Vincenzino et Tommasino parlaient parfois. Vincenzino s'était pris d'affection pour ce frère cadet. Il lui racontait des choses qu'il n'avait jamais dites à personne.

En général, il commençait le soir, après le dîner. Il regardait dans le vide, puis dévidait son long et lent murmure.

De temps en temps, il parlait de Cate. Il avait un jugement bizarre sur l'ensemble de leurs relations.

Il évoquait le jour où, enfant, il avait vu Faluche jeter des pierres à un chien.

Faluche n'aimait pas les bêtes, c'était connu. De fait, il n'avait pas voulu du cheval.

Selon Vincenzino, l'impression forte qu'il avait subie dans son enfance à cause de ce chien tué à coups de pierres avait engendré dans son âme une sainte horreur de la cruauté.

Par horreur de la cruauté, il avait laissé Cate se détacher de lui pour éviter de lui faire violence, pour éviter qu'elle ne souffre, qu'elle ne saigne et ne souffre.

C'est ainsi qu'il l'avait perdue.

Tommasino n'était pas très convaincu par cette déduction compliquée. Mais il acquiesçait, car

Vincenzino n'aimait guère qu'on le désapprouve quand il s'était fourré une idée dans la tête.

Vincenzino disait qu'il regrettait souvent la façon dont il avait traité Cate. Il savait bien que, malgré lui, il l'avait fait saigner et souffrir.

Souvent il entendait dans sa mémoire la voix de Cate lui demander :

« Pourquoi, pourquoi avons-nous tout gâché ? »

Souvent, la nuit, incapable de dormir, il l'entendait se plaindre ainsi.

Tommasino et Vincenzino parlaient jusqu'en pleine nuit en buvant du whisky. Puis ils allaient se coucher. Dans sa chambre, au dernier étage, Vincenzino s'installait dans un lit inclinable qu'il avait copié sur celui de Faluche, où il pouvait lire, confortablement assis, avant de s'endormir.

Désormais il connaissait un tas de gens en ville. Mais, au fond, il n'avait envie de voir que Tommasino ; ou les autres membres de sa famille : Raffaella, Gemmina, ou encore tatie Maria.

Parce que ces personnes avaient peut-être côtoyé Cate, ce qui n'était pas le cas des gens de la ville.

Il avait commencé à écrire un nouveau livre. Il avait une quantité de projets, une quantité d'idées.

Il eut un accident de voiture alors qu'il allait rendre visite à ses enfants, à Rome. Il était seul. La nuit tombait et il pleuvait. La voiture dérapa sur l'asphalte.

Des paysans le découvrirent peu après, écroulé sur le volant, et appelèrent une ambulance.

Il mourut à l'hôpital. Averti par téléphone, Faluche eut le temps de lui dire au revoir. Pas Tommasino.

Tommasino prend ses repas tout seul, un livre posé contre son verre. Betta, la fermière, les lui prépare.

Betta va et vient de la cuisine à la salle à manger, petite, robuste et large dans sa robe de percale à pois blancs.

Betta dit :

« Alors, tu as aimé ce bifteck, Tommasino ? »

L'ayant connu petit, Betta le tutoie.

« Et demain, dit Betta, demain, comme il reste du bœuf, je le couperai en petits morceaux et le ferai mijoter avec de l'oignon. »

Elle dit : « Quand j'aurai terminé la vaisselle, je balaierai et laverai un peu de linge. Puis je mettrai les haricots à tremper. Comme ça, demain, je les ferai cuire avec un peu de persil, de l'ail et du lard. Hein ? »

Tommasino s'assied dans un fauteuil avec son livre, près de la lampe.

« Si seul, pauvre chéri, dit Betta. Tu devrais te marier avec une jolie femme. Tu es riche, tu es beau, tu es jeune, et il y a au village un tas de belles filles riches et gentilles qui t'attendent. »

Elle dit : « Tu veux que je t'apporte le truc, Tommasino ? »

Le truc est un magnétophone. Quand il est seul, le soir, Tommasino parle au magnétophone si des idées lui traversent l'esprit.

Puis il l'emporte dans sa chambre parce qu'au lit, juste avant de s'endormir, il lui vient d'autres idées.

La salle à manger de la Maison Ronde est grande et pourvue de baies vitrées. Elle est presque vide : personne n'a jamais songé à la meubler de canapés, ni à y accrocher des tableaux.

« Si j'étais aussi riche que toi, dit Betta, je mettrais ici un bahut et un autre, là, contre ce mur. Maintenant, c'est toute une affaire avec les assiettes, il faut que j'aille les chercher à la cuisine. »

À travers les vitres, on voit la colline pelée, puis les arbres de la Villa des Hirondelles, le village, les lumières de Castello et de Castel Piccolo, le ciel noir.

Betta dit : « Un garçon comme toi ne devrait jamais être seul. Un garçon comme toi, aussi riche, devrait avoir des amis, des filles, du bruit tout le temps. »

Elle dit : « Si j'avais beaucoup d'argent, je ne resterais pas ici. Je parcourrais le monde, je voyagerais. Je ne m'arrêterais jamais, je voyagerais sans cesse. »

Elle dit : « De toute façon, Faluche t'a soufflé l'usine. »

Elle dit : « C'est toi qui as l'argent, mais c'est lui qui commande. Et quand les enfants de Vincenzino arriveront, ils n'auront rien, tout ira à Pepè. »

Elle dit : « De toute façon, ça t'est égal, tu as toujours de l'argent à la fin du mois, sans avoir de tracas. »

Elle dit : « Tu es gentil, raffiné, aimable, et tu n'as pas de muscles pour te battre avec Faluche. »

Elle dit : « Je vais rentrer chez moi, me coller au poêle, bien au chaud, et m'arranger une robe. C'est une vieille robe marron, elle n'est pas si laide que ça, mais elle ne me plaît plus. Alors voilà ce que j'ai pensé : je vais la découdre et, comme tatie Maria m'a donné des bouts de soie rouge, je vais m'en servir pour refaire les manches, les poignets et le col.

– Bonne idée, dit Tommasino.

– Pour les boutons, j'ai déjà acheté les cœurs et je les ferai recouvrir à Cignano.

– Tu as acheté les cœurs ?

– Oui, les boules noires.

– Ah.

– Et je ferai un col rond, un col Claudine.

– Bien.

– Alors bonsoir, salut, Tommasino.

– Salut. »

Tommasino entortille ses cheveux autour de ses doigts. Puis il les rabat en arrière, va à la machine à écrire et tape quelques mots.

Après quoi, il se lève, enfile son manteau, sort et descend la colline. Il a un vieux manteau trop court, aux poignets usés, aux poches déformées. Cela fait longtemps que Gemmina lui a dit d'en commander un nouveau.

Il gare sa voiture dans le garage du Concordia. Elle n'arrive pas à grimper jusqu'à la Maison Ronde.

Au bar du Concordia, il prend un China[1] Martini, parce qu'il n'y a pas beaucoup de choix.

Il monte en voiture et va au cinéma à Cignano.

On y joue *Ténèbres de feu.*

Il s'assied au fond de la salle presque vide, une cigarette aux lèvres, le col de son manteau relevé, les mains dans ses poches.

Au bar de Cignano, il prend un China Bisleri.

Tout le monde le connaît et lui dit bonsoir. Il répond en portant la main à son front en une sorte de salut militaire, mais mou. C'est un salut qu'il a appris au pensionnat.

Il rentre chez lui, enfile son pyjama, arpente pieds nus la cuisine, regarde à l'intérieur d'une casserole, où trempent des haricots.

Puis il s'assied sur son lit, sa machine à écrire sur les genoux, et tape quelques mots.

Après quoi, il se gratte fort la tête, bâille, fronce le nez et se glisse sous les couvertures.

Il a son magnétophone sur la table de nuit. Il dit quelque chose, écoute sa propre voix

---

1. Liqueur à base d'herbes et de quinine.

qui balbutie, hésitante, à l'intérieur de l'appareil, présence étrangère et plaintive dans la maison vide.

Il fourre la tête sous l'oreiller, éteint et dort.

Tommasino passe presque toutes ses soirées de la sorte.

Ou alors il se rend à la Villa des Hirondelles. Ou encore il va de temps en temps à des fêtes et danse avec les filles si c'est une valse.

Il ne sait danser que la valse.

À la Villa des Hirondelles, il fait enrager Raffaella parce qu'il taquine Pepè.

La Villa des Hirondelles n'a pas beaucoup changé depuis l'époque de Xenia et de Mario. Xenia a emporté tous les meubles, mais Faluche, qui n'a pas de personnalité, comme le répétait Vincenzino, a racheté les mêmes ou presque.

Dans un coin du salon, Faluche joue avec Borzaghi aux échecs.

Il demande toutefois à Tommasino :

« Où en sont tes études sur la programmation linéaire ? »

Et Raffaella demande :

« C'est quoi, cette programmation linéaire ? »

La programmation linéaire est une sorte de ligne qui va directement des biens de production aux biens de consommation. Directement.

Tommasino l'explique en rougissant, parce que Borzaghi est présent et qu'il aimerait que Borzaghi l'écoute.

Il l'explique en s'aidant de ses longs doigts blancs, maigres, et en rougissant un peu, car la programmation linéaire lui tient à cœur et il a honte d'en parler ainsi, à voix haute.

Raffaella dit : « Je n'ai pas compris un traître mot. »

Elle lui dit : « Tommasino, pourquoi ne t'inscris-tu pas à mon parti ? »

Son parti est toujours celui des communistes dissidents. Mais elle n'y pense plus beaucoup maintenant, elle s'en souvient juste de temps en temps, surtout pour faire enrager Faluche à qui les communistes, dissidents ou pas, donnent des brûlures d'estomac. Elle n'y pense pas beaucoup, parce qu'elle ne pense plus qu'à Pepè.

Raffaella dit :

« Tommasino, tu es peut-être très intelligent. Quel dommage que tu sois aussi farfelu. Pourquoi ne te maries-tu pas ?

– Je n'en ai pas envie, dit Tommasino.

– Il a épousé la programmation linéaire », dit Faluche.

Et il adresse un clin d'œil à Borzaghi qui sourit par complaisance.

Tommasino va à l'usine presque tous les jours.

Parfois, il ne trouve rien à y faire. Il a un beau bureau, une belle table, un téléphone avec une quantité de boutons rouges et verts, un fauteuil pivotant, dans lequel il effectue de temps en temps un demi-tour.

Il a un grand sous-main en maroquin, doublé de buvard, un stylo placé tout droit dans le porte-stylo, un bloc-notes, un crayon à papier pendu à une chaînette.

Il dessine au stylo des ronds sur le buvard. Il écrit sur le bloc-notes :

« Cœur des boutons. Boule noire. »

Puis il penche la tête vers la table, appuie les pouces sur ses paupières et pense à la programmation linéaire, une ligne qui va directement du producteur au consommateur, oui, directement.

Tommasino et moi nous retrouvons tous les mercredis en ville.

Il m'attend devant la bibliothèque Selecta. Il est là, dans son vieux manteau un peu usé, les mains dans les poches, appuyé contre le mur.

Il me salue en portant la main à son front et en l'écartant avec une suffisance molle.

Nous ne nous voyons qu'en ville. Au village, nous évitons de nous croiser. C'est lui qui en a décidé ainsi.

Depuis des mois et des mois, nous nous retrouvons à ce coin de rue le mercredi et, souvent, le samedi. Nous faisons toujours les mêmes choses : nous rendons des livres et en empruntons d'autres à la bibliothèque Selecta, nous achetons des biscuits à l'avoine, et pour ma mère, nous achetons quinze centimètres de *gros grain** noir.

Et nous allons dans une chambre qu'il loue, via Gorizia, au dernier étage.

Il y a au milieu de la chambre une table ronde, recouverte d'un tapis et, sur la table, une cloche en verre contenant des branches de corail. Il y a aussi un réchaud derrière un rideau où nous pouvons, si nous le souhaitons, nous préparer du café.

Parfois il me dit :

« Tu sais, je ne t'épouserai pas. »

J'éclate de rire et dis :

« Je le sais. »

Il dit : « Je n'ai pas envie de me marier. Si je me mariais, je me marierais peut-être avec toi. »

Et il dit : « Ça te suffit ? »

Je dis : « Je m'arrangerai pour que ça suffise. »

C'est ce qu'Antonia, notre domestique, répond quand ma mère lui demande s'il y a assez de fromage.

« Et la programmation linéaire ? lui dis-je.

– Merci, dit-il, ça avance. »

Il est allongé, les mains croisées derrière la tête, le visage maigre, fin, la bouche sérieuse.

Parfois il interroge : « Et toi ?

– Moi, quoi ?

– Et toi ? Et les petites Bottiglia ? »

Nous rentrons au village par le dernier autobus, celui de dix heures du soir.

Il s'assied loin de moi, au fond, le col relevé, et regarde à travers la vitre.

Nous descendons sur la place principale, devant l'hôtel Concordia, et il m'adresse son salut habituel. Nous partons dans deux directions opposées, lui sur le chemin escarpé qui conduit à la Maison Ronde, moi sur le sentier qui longe le bois du général Sartorio.

Je dîne un peu à la cuisine, sous le regard de ma mère.

Elle dit : « Aujourd'hui j'étais très bien, mais vers le soir j'ai senti une sorte de vide froid à l'estomac et j'ai dû manger un biscuit. »

Elle dit : « Tu m'as apporté des biscuits à l'avoine ? »

Quand elle énumère mentalement les hommes du village que je pourrais épouser, ma mère ne s'arrête pas sur Tommasino.

Elle le trouve peut-être trop riche, comme inaccessible. Et puis elle le trouve bizarre, elle trouve qu'il se promène habillé comme un pauvre et qu'il est toujours pâle, sans doute parce qu'il est en mauvaise santé.

Elle dit que les enfants de Bouboule, d'une façon ou d'une autre, morts et vivants, ont toujours été bizarres, extravagants, et qu'ils ont cherché les ennuis.

Lorsqu'elle me regarde, pendant que je dîne à la cuisine, le mercredi soir, ma mère est loin d'imaginer que Tommasino et moi étions ensemble quelques heures plus tôt, via Gorizia, au dernier étage.

Ma mère ne sait même pas que la via Gorizia existe. Elle descend rarement en ville.

Tante Ottavia lui dit :

« Pourquoi n'irions-nous pas en ville de temps en temps ? »

Et ma mère dit :

« Pour quoi faire ? »

Parfois Tommasino broie du noir et ne parle pas.

Je lui propose alors de faire une promenade ; nous marchons interminablement en silence, dans le parc, au bord du fleuve.

Nous nous asseyons sur un banc ; derrière nous, au milieu du parc, le château avec ses petites tours rouges, ses flèches et son pont-levis ; sur le côté, la véranda du restaurant, déserte à cette heure-là, où deux serveurs attendent quand même parmi les tables, une serviette sous le bras.

Et devant nous, le fleuve, avec ses eaux vertes, ses barques attachées à la rive, la guérite de l'embarcadère plantée sur des pilotis, le petit escalier de bois battu par les vagues.

Tommasino me caresse le visage. Il me dit :

« Pauvre Elsa !

– Pourquoi pauvre ? dis-je. Pourquoi est-ce que je te semble pauvre ?

– Parce que tu es tombée sur moi, qui suis un misérable !

– Mais tu as toujours la programmation linéaire.

– Oui, je l'ai toujours », dit-il et il rit.

Nous marchons interminablement au bord du fleuve. Il jette un regard circulaire et dit : « Mais, c'est la campagne, ici ! Nous venons en ville, puis nous partons toujours à la recherche de la campagne, non ? »

Je lui dis : « Pourquoi faisons-nous semblant de ne pas nous connaître quand nous sommes au village ? »

Il dit : « Parce que nous sommes bizarres. »

Il dit : « Pour ta réputation. Il ne faut pas que je te compromette, puisque je ne t'épouserai pas. »

Je ris et dis : « Je me fiche pas mal de ma réputation. »

Il entortille ses cheveux autour de ses doigts et réfléchit un moment.

« Au village, dit-il, je ne me sens pas libre. Tout me pèse.

– Qu'est-ce qui te pèse ?

– Tout me pèse, Faluche, l'usine, Gemmina et même les morts.

« Même les morts me pèsent, tu comprends, dit-il.

« Un de ces jours, dit-il, je vais finir par tout planter et partir. »

Et je lui dis : « Tu ne m'emmèneras pas ?

– Je ne crois pas. »

Nous marchons un moment en silence.

« Il faut que tu trouves un mari, dit-il. Pas tout de suite, plus tard. »

Il dit : « Tu n'as pas besoin de te marier tout de suite. Il n'y a pas le feu.

« Même comme ça, avec moi, tu es bien, dit-il.

– Avec toi, comme ça, le mercredi et le samedi ?

– Oui, comme ça, non ?

– Il faut que nous rentrions, ce sera bientôt l'heure de l'autobus. »

Nous rentrons, nous retraversons le parc, nous longeons les remparts du château, nous passons le pont qui vibre sous les roues des tramways.

« Je ne prétends pas que c'est l'idéal pour toi, dit-il.

– Et pour toi ? C'est l'idéal, pour toi ?

– Moi, dit-il, je suis sans idéaux. »

Je ris et je lui dis : « Pauvre Tommasino.

– Pourquoi pauvre ? J'ai plein d'argent ! »

C'était le matin, je venais de me lever et me tenais sur le balcon ; j'ai vu madame Bottiglia, qui avait pris une pioche et qui piochait les plates-bandes.

« Ohé ! m'a-t-elle dit. Bonjour. »

Madame Bottiglia est grande et maigre, elle a le visage ridé, brun, de grosses lunettes en écailles, les mâchoires carrées.

Elle s'était coiffée d'un chapeau de paille, avait un tablier et les pieds nus dans des savates.

Elle a dit : « Qu'est-ce que le médecin a dit pour ta mère ?

– Tension élevée, ai-je dit.

– Quoi ?

– Tension élevée.

– Très élevée, a dit ma mère en me rejoignant. Très très élevée.

– Dans ce cas, a dit madame Bottiglia, il faut supprimer la viande. »

Ma mère l'a invitée à boire un peu de café.

« Hier, a dit ma mère, j'avais dans la gorge comme un noyau dur qui raclait. Ce matin, j'ai l'impression que je vais bien. »

Elles s'étaient toutes deux assises à la cuisine, ma mère penchait sur les tasses la cafetière recouverte d'un capuchon en tricot.

« Avec ta tension élevée, a dit madame Bottiglia, tu ne devrais pas boire de café. La viande et le café, c'est terminé. »

Ma mère aime le café.

« Alors qu'est-ce que je vais prendre le matin ? Le matin, quand je me lève, j'ai l'estomac aussi froid que de la glace.

« Comment peux-tu te promener sans bas ? » a-t-elle dit. Madame Bottiglia avait levé son pied, elle regardait sa jambe bronzée, son mollet parcouru d'une veine gonflée et bleuâtre.

« Tu as même une varice, a dit ma mère. Tu es folle de te promener comme ça le matin, avec le froid qu'il fait.

– Ce n'est pas une varice, a dit madame Bottiglia en pressant sa veine du doigt. Ça ne me fait pas mal.

– Si ce n'est pas une varice, qu'est-ce que c'est alors ? a dit ma mère.

– Où est Giuliana ? ai-je dit.

– Giuliana, a dit madame Bottiglia, s'est levée de bonne heure. Gigi Sartorio est venu la chercher et l'a emmenée au tennis.

– Comment ça, au tennis ? a dit ma mère. Gigi Sartorio a le bras dans le plâtre !

– Ils ne jouent pas, ils regardent. Il y a des tournois.

– Ah, ils regardent, a dit ma mère. Et pourquoi n'irais-tu pas toi aussi regarder un peu, Elsa ?

– Je dois prendre l'autobus à midi.

– Ah, c'est vrai, nous sommes samedi, a dit ma mère. Autrefois, elle ne descendait en ville que le mercredi, a-t-elle expliqué à madame Bottiglia. À présent, elle y va aussi le samedi. Pour changer les livres d'Ottavia, qui lit énormément.

– Achète-moi un sachet de levure de bière, a dit madame Bottiglia. J'ai l'intention de préparer un gâteau, un Paradis, demain. Nous avons Faluche à déjeuner.

– Juste Faluche ? a dit ma mère, surprise.

– Oui. Raffaella est allée au bord de la mer avec Pepè. Pepè a attrapé un mauvais mal de gorge. Les amygdales comme des framboises.

– Il a toujours quelque chose, ce Pepè, a dit ma mère en se tâtant le cou. C'est bizarre, j'ai encore mal quand je presse fort. Ce sont peut-être les amygdales, c'est possible.

« En général, après les courses, Elsa va passer l'après-midi chez ses amis, les Campana », a dit ma mère.

J'ai fait la rencontre des Campana quand j'étais à l'université.

« Ils ont une belle maison, via Novara, a dit ma mère. Ils sont très, très riches.

– Les Campana ? a dit madame Bottiglia.

– Les Campana.

– Les petites les connaissent, elles aussi. Mais le père a eu un infarctus, il est à la clinique.

– Un infarctus ? a dit ma mère. Comment se fait-il que tu ne m'aies rien dit ? m'a-t-elle dit. Quand a-t-il eu cet infarctus ?

– Le mois dernier, a dit madame Bottiglia.

– Un infarctus ? Consalvo Campana ?

– Consalvo Campana.

– Comment se fait-il que tu ne m'aies pas parlé de cet infarctus ? m'a-t-elle dit quand madame Bottiglia est retournée piocher, avec son grand chapeau.

– Il était petit, ai-je dit.

– Petit ? Un petit infarctus ?

« Petit ou gros, on l'a hospitalisé, a repris ma mère au bout d'un moment. Comment se fait-il que tu ne m'aies rien dit ? J'aurais écrit un mot, envoyé des fleurs. Les Campana sont si gentils avec toi.

– Je me suis chargée des fleurs, ai-je dit.

– Ah, tu en as envoyé ? Quelles fleurs ?

– Des roses.

– De quelle couleur ?

– Blanches.

– Voyons, on envoie des roses blanches aux mariées et aux parturientes ! a dit ma mère. Les œillets sont plus indiqués pour les hommes.

« Et où as-tu trouvé des roses en cette saison ? a-t-elle dit. Tu as sûrement dépensé une fortune. »

Je m'habillais dans ma chambre quand Giuliana Bottiglia est entrée.

« Je te dérange ? » a-t-elle dit.

Elle portait une jupe blanche plissée, un pull blanc, et avait sur les épaules un foulard sur lequel était imprimé le plan de Londres.

« Londres ? ai-je dit.

– Oui, Londres. C'est Gigi Sartorio qui me l'a rapporté, après son dernier séjour.

– Qu'est-ce que Gigi Sartorio va faire à Londres ?

– Des échanges commerciaux.

– Et qu'est-ce qu'il échange ?

– Il échange, je ne sais pas.

– Gigi Sartorio te fait la cour ?

– Non. C'est juste un ami.

– C'était bien, les tournois ?

– Oui. Les joueurs de Cignano ont gagné. Terenzi a perdu.

– Il perd toujours.

– Pas toujours. Aujourd'hui il a perdu. »

Elle s'était assise, elle se faisait des ondulations avec un peigne.

« Je ne suis plus ton amie, n'est-ce pas ? a-t-elle dit.

– Arrête donc, ai-je dit.

– Autrefois nous étions amies. Tu n'avais pas de secrets pour moi. »

Elle a dit : « C'est ton petit ami, n'est-ce pas ? »

Je m'étais penchée et je cherchais mes chaussures sous le lit.

« Il faut que je parte, sinon je vais rater l'autobus, ai-je dit.

– C'est ton petit ami, je le sais. »

Maintenant nous parcourions le sentier. Je tenais dans un filet les livres de la bibliothèque Selecta reliés en bleu.

« Si au moins tu avais l'air contente, a-t-elle dit, je ne te poserais pas de questions. Mais tu n'as pas l'air contente. »

Elle a dit : « Parfois, je te regarde passer derrière la grille. On voit à ta démarche que tu n'es pas contente.

« Tu rejettes tes cheveux en arrière, tu marches à grandes enjambées, tu crânes. Mais tu as la bouche triste.

– On raconte que Gigi Sartorio prend de la morphine, c'est vrai ? ai-je dit.

– Il ne prend pas de morphine. Il prend de la Cibalgine parce qu'il a mal au bras. »

« Ça fait plus d'une heure que je t'attends, a dit Tommasino.

– J'ai raté l'autobus de midi, j'ai dû attendre le suivant.

– Comment se fait-il que tu aies raté l'autobus ?

– J'étais avec Giuliana Bottiglia, elle a voulu m'accompagner, elle parlait et elle m'a retardée.

– Pourquoi perds-tu ton temps avec cette imbécile ?

– Elle sait, pour toi et moi, ai-je dit.

– Elle sait ? Et comment sait-elle ?

– Parce que sa sœur Maria et Maria Mosso nous ont vus dans un bar.

– Et qu'est-ce que toutes ces Maria disent de nous ?

– Je ne sais pas. Giuliana trouve que je n'ai pas l'air contente.

– C'est une imbécile.

– Pourquoi ? Est-ce que j'ai l'air contente ?

– J'ignore quel air tu as.

– Et l'ignorer ne te paraît pas affreux ?

– Ça ne me paraît ni affreux ni bien. Je ne me pose pas ce problème.

– Merci, ai-je dit.

– Quoi, merci ?

– Merci, comme ça.

« Il t'arrive d'être odieux, ai-je dit. Il t'arrive vraiment d'être un odieux personnage. »

Nous étions via Gorizia, et j'ai dit :

« Aujourd'hui, je n'ai pas envie de monter.

– Alors pourquoi avons-nous fait tout ce chemin ? »

Je marchais et il me suivait ; je marchais au hasard en balançant le filet des livres.

« Donne-moi ce filet, a-t-il dit, je vais le porter. Nous aurions au moins pu le laisser chez le concierge de la via Gorizia, ce maudit filet. Ta grand-mère n'en a donc pas assez de lire tous ces romans ?

– Ce n'est pas ma grand-mère, c'est ma tante.

– Tante ou grand-mère, peu importe.

– Tu sais très bien que c'est ma tante, ai-je dit. Tu es aussi précis qu'un employé du cadastre et tu as une mémoire diabolique. Tu as dit ça pour me blesser.

– C'est vrai, a-t-il dit, et il a ri. Je sais que ce n'est pas ta grand-mère, que c'est ta tante. Je l'ai dit sous le coup de la colère, parce que j'ai attendu et que je n'aime pas attendre.

« À force de t'attendre, j'ai pris en grippe la porte de la bibliothèque Selecta, a-t-il dit.

« J'avais peur qu'il ne te soit arrivé quelque chose, a-t-il dit. Que tu ne sois malade ou que l'autobus n'ait capoté. »

Il a dit : « Alors la petite Bottiglia trouve que tu n'as pas l'air contente ?

« Mais pourquoi n'es-tu pas contente ? a-t-il dit.

« Quand je suis à la Maison Ronde, a-t-il dit, je tourne les yeux vers chez toi. Je regarde et je pense : qu'est-ce qu'elle peut bien fabriquer maintenant ? Est-elle triste, est-elle contente ?

« Ça te fait plaisir que j'aie ces pensées quand je suis seul là-bas ?

« Ce que je te donne te paraît peu ? a-t-il dit.

– Oui, ai-je dit, bien peu d'amour.

– C'est pourtant tout ce que je peux te donner. Je ne peux pas te donner davantage. Je ne suis pas un romantique. Et j'ai une nature solitaire, je suis seul. Je n'ai pas d'amis, je n'ai personne.

« Les femmes, a-t-il dit, sont contentes lorsqu'elles sont avec des hommes passionnés, romantiques.

« Mais j'étais désespéré en t'attendant tout à l'heure à ce coin de rue. Je me disais : Qu'est-ce que je vais faire si elle ne vient pas ? Si elle est morte ?

« Si elle est morte, me disais-je, comment vais-je vivre ? »

Nous étions maintenant dans le parc et nous marchions parmi les arbres nus, piétinant l'herbe grillée par le givre.

« La chambre de la via Gorizia est sinistre, a-t-il dit. Nous pourrions prendre une autre chambre dans une plus belle rue. Nous pourrions prendre un appartement. Qui nous l'interdit ?

« Veux-tu que nous cherchions un bel appartement, un appartement confortable avec une cuisine, où nous pourrions aussi nous faire à manger ?

– Cela vaut-il la peine pour si peu d'heures ? ai-je dit. Rien que deux après-midi, le mercredi et le samedi ?

– Comment ça ? Il ne vaut pas la peine d'être bien, ne serait-ce que pour quelques heures ?

« Veux-tu que nous allions maintenant un moment via Gorizia ? » a-t-il dit.

Je venais de rentrer et je dînais, assise à la table de la cuisine. Ma mère vidait le filet sur la table, elle en tirait les livres de la bibliothèque Selecta l'un après l'autre, et regardait la page de titre en grimaçant.

« *La chatte sur un toit brûlant*, a-t-elle lu. Oh, pauvre bête !

« Et où est la levure de bière ? a-t-elle dit. Tu l'as oubliée ?

– Oui.

– À quoi servait la levure de bière ? a dit tante Ottavia. Nous n'avons pas de gâteau à faire.

– Ce n'était pas pour nous, c'était pour la Villa Bottiglia, a dit ma mère. Quand je donne des commissions à faire aux petites, elles s'en souviennent toujours. »

On a sonné à la grille.

« Qui ça peut être si tard ? a dit ma mère. Il est près de onze heures. Mon Dieu, ce doit être un télégramme ! »

Antonia a ôté du clou la grosse clef rouillée, puis est allée ouvrir la grille.

« Vite, vite, disait ma mère, c'est sûrement un télégramme.

– C'est le monsieur de la Maison Ronde, a dit Antonia en remettant la clef à son clou. Je l'ai conduit au salon.

– De la Maison Ronde ? Quel monsieur ? » a dit ma mère.

Je suis passée au salon et ma mère m'a suivie. Tommasino se tenait là, debout, dans son manteau court, déboutonné, un petit paquet à la main.

« La levure de bière, a-t-il dit. Elle était restée dans ma poche.

– Ah, la levure, a dit ma mère. Il n'était pas nécessaire de te déranger pour si peu à une heure pareille, Tommasino.

« Assieds-toi », a-t-elle dit.

Mon père est apparu sur le seuil, avec sa pipe.

« Oh, bonsoir, mon cher Tommasino », a-t-il dit. Mon père aime bien Tommasino parce qu'il aimait bien le vieux Bouboule avec qui il avait combattu pendant la Première Guerre sur le Karst.

« Tommasino, pouvons-nous t'offrir quelque chose ? » a dit ma mère.

Elle a dit : « Alors vous vous êtes rencontrés en ville aujourd'hui et vous avez fait les courses ensemble ? »

Elle s'était assise dans un fauteuil, elle arrangeait sur sa poitrine son grand col brodé.

« Comment va ta tante, tatie Maria ? Il faut que je lui rende visite un de ces jours, elle m'a promis de m'apprendre le *petit point**. Elle fabrique des tapis et des couvre-lits au *petit point**. Elle est très industrieuse, elle est très habile, ce qu'elle est habile... a-t-elle dit, entrant dans l'esprit de tatie Maria.

– As-tu déjà dîné, Tommasino ? ai-je dit.

– Oui, et toi ? a-t-il dit.

– Ah, vous vous tutoyez. Bien sûr, vous vous connaissez depuis l'enfance, a dit ma mère.

« Vous jouiez ensemble quand vous étiez petits, dans le jardin de tatie Maria, a-t-elle dit. Et tonton Tommaso vous emmenait faire de l'escalade sur les rochers, derrière la maison, là où le pauvre Nebbia a été tué ensuite.

– Je ne m'en souviens pas, ai-je dit.

– Moi, je m'en souviens un peu, a dit Tommasino. Tu avais de longs tabliers pleins de rubans.

– Ces tabliers étaient horribles, ai-je dit.

– Ils étaient très jolis, a dit ma mère. C'est moi qui les brodais. J'aime broder. Mais je n'ai jamais appris le *petit point**.

– Nous n'avons dû jouer ensemble que deux ou trois fois, pas plus, ai-je dit.

– Et puis vous vous êtes perdus de vue, a dit ma mère. Ça paraît bizarre, on vit à deux pas les uns des autres, le village est aussi petit qu'un mouchoir de poche, et pourtant on ne se voit jamais. Nous autres, nous ne fréquentons plus personne. Uniquement les Bottiglia de temps en temps. La levure de bière était pour eux. Moi, je n'en utilise pas. Je préfère l'Écume d'Ange.

– Qu'est-ce que c'est, l'Écume d'Ange ? Quel nom romantique ! a dit mon père.

– L'Écume d'Ange, a dit tante Ottavia, n'est ni plus ni moins que de la levure de bière. »

Elle était entrée et s'était assise dans un coin, les livres reliés en bleu sur les genoux.

« De la levure de bière, l'Écume d'Ange ? Mais tu es folle ! a dit ma mère.

– Les livres que nous avons empruntés vous conviennent-ils ? a dit Tommasino.

– Ah, mais vous êtes aussi allés ensemble à la bibliothèque Selecta ? a dit ma mère. C'est une bonne bibliothèque, on y trouve de tout, y compris des romans étrangers. Ma sœur lit énormément, à tour de bras. Moi, je n'en ai pas le temps, la maison m'occupe trop, je n'arrête pas. Et puis j'ai trop de pensées, trop de tracas, je n'arrive pas à me perdre dans un roman. Mes enfants sont si loin… Tommasino, te souviens-tu de mon cher Giampiero ?

– Je m'en souviens, a dit Tommasino. Comment va-t-il ? »

Il était assis les mains sur les genoux, l'air gentil, docile, comme domestiqué.

« Il a une belle situation, a dit ma mère, à Tobago, au Venezuela. Il aurait souhaité travailler ici, à l'usine, mais il ne s'est pas entendu avec monsieur Guascogna, voilà pourquoi il est parti si loin. »

Monsieur Guascogna n'est autre que Faluche.

« Si ton père avait été là, oh, mon pauvre Vincenzino, les choses auraient été différentes ! a dit ma mère. Pauvre Vincenzino, quel triste destin… »

Elle a dit : « Il y a tant de choses tristes dans la vie. Pourquoi lire des romans ? La vie n'est-elle pas un roman ? »

Elle a dit : « Tu sais que ma petite Teresita a échoué en Afrique du Sud ? Te souviens-tu d'elle ? Elle est maman à présent. Il se passe un tas de choses là-bas aussi, je ne suis jamais tranquille. J'ai des tracas, j'ai des soucis, j'ai toujours mal à la tête, exactement ici, sur la nuque, au cervelet. Hier je suis allée chez le médecin avec Elsa. Il m'a trouvée déprimée et il a trouvé que j'avais la tension élevée. Ce nouveau médecin est formidable, il est très attentif, précis, il note tout. Mais aujourd'hui je me suis bien portée toute la journée. J'ai juste un raclement dans la gorge, comme si j'avais avalé des clous, ce sont sans doute les amygdales.

– J'ai à la maison des pastilles à la pénicilline contre le mal de gorge, a dit Tommasino. Je vous les apporterai demain, si vous voulez.

– Ah, à la pénicilline ? Je suis un peu contre la pénicilline, pour te dire la vérité. Peut-être parce que je sais qu'on la fabrique avec de la moisissure. Maintenant on soigne les gens avec de la moisissure, c'est bizarre. »

Elle a dit : « Pourquoi ne viendrais-tu pas dîner demain ? Apporte-moi tes pastilles, je les essaierai, elles font peut-être du bien. »

Elle a dit: «Et comment va monsieur Guascogna?»

«Et Raffaella? Et Pepè?

«Pepè a eu mal à la gorge, lui aussi, n'est-ce pas?

«On l'a donc amené au bord de la mer?

«Mais comment pourrais-je abandonner la maison pour aller au bord de la mer? Et puis nous n'avons pas beaucoup d'argent à dépenser.

«Penses-tu que la mer fait du bien quand on a la tension élevée?»

J'ai ôté la clef du clou et suis allée avec Tommasino à la grille.

«Me suis-je bien conduit? a-t-il dit.

– Oui, bien. Tu étais drôle.

– J'étais drôle? Tu n'étais pas contente?

– Pourquoi es-tu venu?» ai-je dit.

Il a dit: «Pour apporter la levure de bière.

«Je suis venu, a-t-il dit, pour faire un essai.

– Pour faire un essai?

– Pour faire un essai, oui.

– Pour faire l'essai de me voir dans mon cadre?

– Oui.

– Et quel effet t'ai-je fait, dans mon cadre?

– Et moi? Quel effet t'ai-je fait, dans ton cadre?»

Dans l'escalier, ma mère se demandait s'il fallait, ou non, inviter à dîner Gigi Sartorio avec Tommasino.

« Peut-être pas, à cause de son bras, a-t-elle dit. Quelle impression peut faire, à une table, un invité au bras tendu sur une planchette ?

« Pourquoi m'as-tu dit que tu avais oublié la levure ? Tu ne l'avais pas oubliée, tu l'avais achetée et donnée à Tommasino.

– Quel beau jeune homme, a dit tante Ottavia.

– Oui, il est beau. Il a toujours été le plus beau des enfants de Bouboule », a dit ma mère.

Elle a dit : « Pourquoi a-t-il cru bon de venir jusqu'ici à une heure si tardive pour un peu de levure ?

« Et j'ai même dû l'inviter à dîner. Je lui ferai un soufflé aux épinards.

« Et du sabayon. Je peux aussi faire du sabayon, si je n'invite pas Gigi Sartorio, qui en a déjà eu hier.

– Trop d'œufs, a dit tante Ottavia. Des œufs dans le soufflé, des œufs dans le sabayon. Mieux vaut terminer par une tarte.

– Et dans la tarte, il n'y a pas d'œufs, peut-être ? »

« Tommasino, a dit ma mère, ressers-toi de soufflé. C'est très léger. »

Elle a dit : « Je voulais inviter également Gigi Sartorio, mais je ne savais pas si cela te ferait plaisir. Et puis il est si encombrant, avec son bras… On a toujours peur qu'il heurte quelque chose. »

Elle a dit: « Ce Gigi Sartorio est un peu étrange. On prétend qu'il est morphinomane, je me demande si c'est vrai.

« Toi, Tommasino, qu'est-ce que tu en penses ?

« On prétend aussi qu'il a des goûts bizarres, a dit encore ma mère. Il se rend souvent à l'étranger, il a dû prendre de mauvaises habitudes. Qui sait ? Son père, le général, est très distingué.

« On prétend qu'il a des goûts bizarres, je ne sais pas. Toi, Tommasino, tu le connais bien ?

– Le général Sartorio ?

– Mais non, son fils. Le général n'a pas de goûts bizarres. C'est un homme extrêmement méthodique.

– On prétend, au village, a dit tante Ottavia, que Gigi Sartorio est fiancé à Giuliana Bottiglia.

– Mais non, a dit ma mère, tu parles ! Ils ne sont que bons amis, deux bons camarades. Par exemple, il est venu hier la chercher et ils sont allés au tennis voir les tournois. Tu joues au tennis, Tommasino ?

– Non, a dit Tommasino, je ne fais pas de sport.

– Ce n'est pas bien, a dit ma mère, et pourtant tu es grand, tu as une allure de sportif. Notre chère Elsa ici présente fréquentait autrefois le Club de tennis. Elle jouait bien, on disait qu'elle faisait de longs coups, de beaux coups. Puis, pour une raison que j'ignore, elle a cessé d'y aller.

« Et mon cher Giampiero, a-t-elle dit, avait une passion pour le sport quand il vivait ici. Au

Venezuela, il est devenu paresseux, ce doit être le climat. De fait, quand il est arrivé pour les vacances, j'ai remarqué qu'il avait perdu son beau teint.

« Toi aussi, tu as mauvaise mine, Tommasino, a-t-elle dit. Tu es toujours un peu pâle. Je peux te le dire, je suis une mère. Tu es toujours un peu pâle. C'est peut-être la vie sédentaire que tu mènes.

– C'est mon teint, a dit Tommasino.

– Non, ce n'est pas ton teint. Quand tu étais petit, tu étais blanc et rouge, une vraie pomme.

– Alors, une des petites Bottiglia s'est fiancée ? a dit Tommasino.

– Ah, tu les appelles les petites Bottiglia, toi aussi ? a dit ma mère. Je croyais que nous étions les seuls à les appeler comme ça, à la maison. Hélas, ce ne sont plus des petites filles.

– Pourquoi hélas ? a dit mon père.

– Hélas, a dit ma mère, parce qu'elles ne sont pas encore mariées. Pour une femme, il n'y a pas de plus beau destin qu'un mariage, un mariage heureux. Pas malheureux, sinon mieux vaut rester célibataire, c'est sûr. Toi, Tommaso, tu as eu la triste expérience d'un mariage malheureux dans ta famille. Le pauvre Vincenzino.

« C'est peut-être pour cette raison que tu ne t'es pas encore marié, a-t-elle dit. Tu veux réfléchir, tu as raison. Du reste, comme homme, tu es encore très jeune.

– Moi, a dit tante Ottavia, je ne me suis pas mariée et je suis satisfaite.

– Toi, a dit ma mère, tu n'étais pas taillée pour le mariage. Tu aimes trop prendre tes aises.

– Mes aises ? Depuis quand est-ce que je prends mes aises ? a dit tante Ottavia.

– Mais non, Giuliana Bottiglia ne s'est pas fiancée, a dit ma mère. Cela fait des années qu'on les voit ensemble, Gigi Sartorio et elle. S'ils étaient fiancés, je serais la première à le savoir. Sa mère, Netta Bottiglia, et moi ne nous quittons pas de la journée.

– Où en sont tes projets, cher Tommasino ? » a demandé mon père.

Tout en entortillant ses cheveux autour de ses doigts, Tommasino s'est mis à évoquer la programmation linéaire.

Nous sommes passés au salon pour le café.

« Tu as des idées socialistes, Tommasino, a dit ma mère. Cette programmation linéaire, si j'ai bien entendu, est quelque chose de socialiste ? »

Je ne pouvais autoriser ma mère à s'emparer de la programmation linéaire.

« Le socialisme n'a rien à voir avec ça, ai-je dit. Inutile de vouloir parler de ce qu'on ne comprend pas.

– J'ai très bien compris, a dit ma mère. Mon pauvre frère, je ne sais si tu en as entendu parler, Tommasino, s'occupait lui aussi de ces choses-là. Il est mort il y a quelques années, il s'appelait Cesare Maderna.

– Ton frère, a dit mon père, était employé des chemins de fer. Quel rapport pouvait-il avoir avec ce dont parlait Tommasino ?

– Mais c'était un homme politique, a dit ma mère. Il a été candidat au Parlement. Il était socialiste. Un grand socialiste, comme ton père, Tommasino.

– Si ce n'est qu'il a ensuite adhéré au fascisme, a dit mon père.

– Quelle importance ! Il y était obligé pour éviter de perdre son emploi. De toute façon, avant il était un homme politique, il s'occupait de problèmes sociaux, justement comme Tommasino maintenant. Ce n'est pas vrai, Ottavia ?

– Notre pauvre frère, a dit tante Ottavia, n'était qu'un modeste employé des chemins de fer. Il s'est un peu occupé de politique, dans sa jeunesse, mais sans grand succès. Il n'a jamais été candidat au Parlement. Matilde, tu confonds avec notre cousin Ernesto. Notre cousin Ernesto a été, lui, candidat au Parlement. Mais notre pauvre frère, jamais. C'était juste quelqu'un de bien. Il avait effectivement adhéré au fascisme, mais il n'a jamais porté la chemise noire. Il l'avait, mais il ne la mettait pas.

– Et puis qu'est-ce que ça pouvait lui faire, de perdre son emploi ? a dit mon père. Sa femme était riche, il ne serait pas mort de faim. Sa femme, a-t-il dit à l'adresse de Tommasino, était une Terenzi, de Cignano. Des vignes, des forêts, des pâturages, une belle fortune. Ils n'avaient pas d'enfants et ils ont légué tous leurs biens à l'Église.

– C'est elle, sa femme, qui a fait ça, a dit ma mère. Lui, il ne pouvait pas voir les prêtres en peinture. Mais il était déjà mort quand elle est morte.

– Une Terenzi de Cignano, a dit Tommasino. De la famille des Terenzi d'ici ?

– Des parents éloignés.

– Notre cousin Ernesto, en revanche, a dit tante Ottavia, a été rossé par les fascistes et même emprisonné. Il est mort dans la pauvreté.

– Sa fille, la fille de notre cousin, a dit ma mère, avait une très belle voix. Elle est allée en Amérique et a chanté dans les plus grands théâtres. Puis, d'un coup, elle a perdu sa voix. Maintenant elle ne peut plus rien chanter, pas même l'Hymne de Garibaldi.

– Tout ça parce qu'elle s'est retrouvée au milieu d'un incendie en Amérique, a dit tante Ottavia. Une nuit, son hôtel a pris feu et elle a dû sauter par la fenêtre. Tout le monde lui criait de sauter, et elle hésitait, à califourchon sur le rebord. Puis elle a sauté, car on avait placé en bas un filet de sécurité. Elle a sauté, et elle a perdu sa voix.

– À cause de la peur et de la fumée, a dit ma mère.

– Mais maintenant, a dit tante Ottavia, elle s'est consolée, elle a épousé un dentiste.

– Car la perte de sa voix lui a causé tellement de chagrin qu'elle est devenue folle, ou presque, et a été hospitalisée dans une clinique. Un dentiste passait là une fois par semaine pour regarder les dents des malades. C'est ainsi qu'il est tombé amoureux d'elle. Elle avait une bouche magnifique.

– Voilà, nous avons entendu toute l'histoire de la fille du cousin Ernesto, a dit mon père.

– Ada, a dit ma mère. Tu ne te souviens pas d'Ada ? Nous ne l'avons pas vue depuis de nombreuses années, mais c'était une très belle femme.

– Vous m'avez raconté cette histoire des millions de fois. Comment voulez-vous que Tommasino s'intéresse à des gens qu'il n'a jamais vus et qu'il ne verra jamais ?

– C'est juste pour faire la conversation, a dit ma mère. Tu ne veux tout de même pas que nous passions la soirée à nous regarder dans le blanc des yeux ? On raconte, on parle. L'un dit une chose, l'autre en dit une autre. »

Elle a dit : « Tommasino, veux-tu que je te recouse ce bouton, là, à ta manche ? Sinon tu le perdras. »

Elle a dit : « Ce manteau est un peu froissé. Pourquoi ne demandes-tu pas à Gigi Sartorio de te rapporter un duffle-coat de Londres, la prochaine fois qu'il ira. Les duffle-coats sont très pratiques. »

Elle a dit : « Je ne t'ai pas vexé au moins ? Je suis une mère, oui ou non ? »

« Il est très bien élevé », a dit ma mère à mon père, une fois dans leur chambre. Je les entendais, de l'autre côté de la cloison.

« De toute évidence, a dit ma mère, ce pensionnat de Salice est un bon établissement scolaire.

« Il n'est peut-être pas si extravagant que ça, a-t-elle dit. Ces petites extravagances sont peut-être de mauvaises habitudes de jeunesse.

« Il est très sympathique, a-t-elle dit. Il a le nez de madame Cecilia, qui avait un beau nez. Et la bouche de tatie Maria.

– Je ne vois aucune trace de tatie Maria chez Tommasino, a dit mon père.

– Parce que toi, Ignazio, a dit ma mère, tu ne comprends rien aux ressemblances. »

« Alors, quel effet je te fais dans mon cadre ? » ai-je dit.

Nous étions dans la chambre de la via Gorizia, moi étendue sur le lit et Tommaso accoudé à la table, en train de fumer.

« Un effet sinistre, n'est-ce pas ? ai-je dit.

– Et moi ? a-t-il dit. Quel effet je te fais, dans ton cadre, moi ?

– Toi, ai-je dit, tu es toujours dans mon cadre. Tu ne le quittes jamais.

« Je te garde toujours là avec moi, ai-je dit, au milieu de mes affaires, je te parle, et tout continue comme lorsque nous sommes ensemble ici. Toi, en revanche, tu m'écartes de toi. Tu retournes à ta Maison Ronde, et je n'y suis pas. De temps en temps, juste de temps en temps, tu jettes un coup d'œil vers chez moi. Mais juste de temps en temps et comme par mégarde.

« Moi, ai-je dit, je ne t'écarte jamais de moi. Je te garde là, parmi mes affaires. Sinon, il m'arriverait de détester mon cadre.

– Tu ne le détestais pas quand je n'existais pas encore pour toi.

– Non, je ne le détestais pas, ai-je dit. Il me pesait, mais je ne le détestais pas. J'ignorais alors que la vie pouvait avoir un autre rythme. Je l'imaginais vaguement, mais je l'ignorais.

« J'ignorais, ai-je dit, que la vie pouvait aller à toute allure en jouant du tambour.

« Pour toi, les choses sont différentes, ai-je dit. Pour toi, la vie après moi a conservé le même rythme et elle ne retentit pas.

– Elle retentit un peu, a-t-il dit, elle retentit un peu, oui, pour moi aussi. Pas très fort, mais elle retentit. »

Il a dit : « Mais j'aimerais être allé loin, quelque part à l'étranger, et avoir fait ta connaissance par hasard, dans une rue, comme une inconnue. J'aimerais ne rien savoir de toi, rien de tes parents, et ne jamais les rencontrer.

– Au lieu de ça, ai-je dit, nous avons grandi dans le même village et nous avons joué ensemble, enfants, aux Pierres. Mais moi, ça ne me dérange pas. Je m'en fiche pas mal. »

J'ai dit : « Je m'en fiche pas mal, ça m'attendrit même un peu. Et depuis que tu existes pour moi, j'ai l'impression que notre village est devenu une terre inconnue, immense, remplie de choses imprévisibles, dramatiques, émouvantes, qui peuvent arriver à n'importe quel instant. Il peut m'arriver, par exemple, d'aller poster une lettre sur la place du village et de voir ta voiture garée devant le Concordia. Ou de voir tes sœurs, ou de voir tatie Maria.

– Je ne comprends pas, a-t-il dit. Voir tatie Maria te paraît émouvant ?

– Voir tatie Maria, ai-je dit, me fait battre le cœur très vite.

– Je ne comprends pas ! a-t-il dit. Quand je croise ton père dans le couloir de l'usine, mon cœur ne s'emballe pas.

« J'ai beaucoup d'estime pour ton père, a-t-il dit, mais je te jure que mon cœur ne s'emballe pas à sa vue !

– Parce que tu n'es pas amoureux de moi, ai-je dit. C'est la seule explication.

« Dans ta vie, ai-je dit, il n'y a aucun changement depuis que j'existe pour toi.

« Voilà pourquoi, ai-je dit, tu imagines ce qui se serait passé si tu m'avais rencontrée à l'étranger, si tout s'était déroulé différemment. Moi, la façon dont les choses se sont produites ne me dérange pas. Le fait que nous avons joué ensemble, petits, dans d'affreux tabliers, ne me dérange pas.

– C'est toi qui avais des tabliers affreux, a-t-il dit. Moi, je n'ai jamais porté de tabliers de toute ma vie.

– Tu dis que tu n'es pas romantique, ai-je dit. Ce n'est pas vrai, tu es romantique. Tu veux des femmes masquées, des villes inconnues, pas de familles, pas de parents. C'est ça, être romantique.

– J'ai déjà un tas de parents, a-t-il dit, une ribambelle.

«J'ai une ribambelle de parents aussi longue qu'un serpent, a-t-il dit. Je n'en voudrais pas d'autres, non. Les miens me suffisent.

– Lorsque tu es venu chez moi, l'autre soir, avec la levure, tu as dit que tu voulais faire un essai. Quel genre d'essai ?

«Voulais-tu essayer d'être mon fiancé ? ai-je dit. Et tu as vu que tu n'y arrivais pas, que ça ne te plaisait pas ?

– J'ai vu, a-t-il dit, que ça m'est un peu difficile.

– Maintenant il ne sera même plus agréable de venir ici. Maintenant que nous avons été ensemble chez moi, avec mes parents, d'abord dans le petit salon, puis dans la salle à manger, et de nouveau dans le petit salon, maintenant que tu as bu du café dans nos tasses à fleurs, maintenant que tu as entendu les histoires du cousin Ernesto, je crois que je n'aimerai plus être avec toi dans cette chambre, ni rendre et emprunter des livres avec toi à la bibliothèque Selecta, ni même me promener avec toi au parc. Car je n'arrêterai pas de penser que tu as essayé d'être mon fiancé et que tu n'y as pas réussi, que cela ne t'a pas plu. Je penserai que je te conviens en tant que petite amie, mais pas en tant que femme.

– J'ai toujours dit que je ne voulais pas t'épouser, a-t-il dit.

– C'est vrai, tu le disais tout le temps. Et moi je me disais: «tant pis». J'en souffrais mais je me disais «tant pis». Je me disais: «C'est mieux que rien». Mais maintenant tu as fait l'essai, tu as voulu voir si, par hasard, tu ne te trompais pas. Et tu as vu que tu ne te trompais pas, que tu ne peux vraiment pas. Moi, face à ça, je n'arrive plus à dire «tant pis». C'est pour moi un chagrin que je ne suis pas capable de supporter. »

J'ai dit: « Tu m'as attendri, l'autre soir, quand tu es venu chez moi avec cette levure. J'ai beaucoup aimé te voir là, vivant, dans notre petit salon où je pensais sans cesse à toi. Mais cela a tout gâché. Maintenant nous ne pouvons même plus rester ici. J'ai pris en grippe cette via Gorizia, cette chambre. »

J'ai fondu en larmes. J'ai dit:

« Pourquoi avons-nous tout gâché ?

– Ah non, a-t-il dit, au moins ne pleure pas ! Je déteste voir les femmes pleurer ! »

Mais je pleurais et je disais comme Cate:

« Pourquoi tout a été gâché ? »

Le lendemain soir, Tommasino est venu parler à mon père. Il avait mis un costume sombre. Il avait demandé conseil à Betta, et Betta lui avait dit qu'un costume sombre était indispensable.

Mon père a ouvert pour l'occasion une bouteille de muscat de nos vignes, de neuf ans d'âge.

Ma mère était si émue qu'elle n'a pas fermé l'œil de la nuit. Elle réveillait mon père et lui disait :

« Tu avais imaginé ça ? »

Et elle disait :

« En le voyant apparaître devant moi, l'autre soir, son paquet à la main, je l'avais presque imaginé. »

Puis elle disait :

« Mais quelle somme doivent atteindre ses biens immobiliers ? Une belle somme, non ? »

Mon père, assoupi, disait :

« Je ne sais pas.

– Tu ne le sais pas ? Tu ne le sais pas, toi qui es leur notaire ? Un bien beau notaire ! Et dans ce cas, qui le sait ? »

Dès le lever du jour, elle a couru tout raconter à madame Bottiglia. Mais madame Bottiglia le savait, parce que Betta, venue à l'aube lui apporter des légumes, le lui avait dit.

Ou plutôt, elle avait déjà compris qu'il y avait anguille sous roche. Elle l'avait compris depuis un moment.

Sa fille, Mariolina, lui avait dit qu'elle nous avait vus, Tommasino et moi, en ville, assis dans un café, main dans la main.

« Impossible, a dit ma mère. Elsa n'est pas du genre à se laisser prendre les mains par un homme dans un lieu public. Ta Maria a dû voir autre chose. »

Elle était un peu déçue car madame Bottiglia n'était pas surprise ; elle désirait tant la surprendre, elle avait savouré à l'avance, toute la nuit, le plaisir de voir la surprise traverser les yeux de sa vieille amie où une petite étincelle verte, incrédule et malicieuse, brillait derrière ses grosses lunettes.

Madame Bottiglia a dit :

« Nous autres mères, nous sommes toujours les dernières à apprendre certaines choses. »

Et elle a raconté en secret à ma mère que sa fille Giuliana allait se fiancer avec Gigi Sartorio. Ils attendaient, parce qu'on devait d'abord ôter le plâtre à ce dernier.

« Qu'est-ce que le plâtre vient faire là-dedans ? a dit ma mère. On n'a pas besoin de son bras pour se fiancer !

– Le médecin, a dit madame Bottiglia, lui a recommandé d'éviter les émotions, de ne pas transpirer et de ne pas se surmener.

– Se fiancer n'a rien d'un surmenage, a dit ma mère. On n'a pas besoin de transpirer. »

De retour chez nous, elle a couru tout raconter à tante Ottavia.

« Je pense plutôt qu'il doit attendre, pour se marier, d'être guéri de la morphine, voilà la vérité ! »

Tommasino a pris l'habitude de nous rendre visite tous les soirs. L'hiver, il y a eu beaucoup de neige. Il arrivait les cheveux couverts de neige, et ma mère disait :

« Comment se fait-il que tu te promènes tête nue ? »

Parfois il jouait avec mon père au *scopone*[1]. Parfois nous nous tenions, lui et moi, au salon, avec tante Ottavia qui lisait des romans.

Ma mère disait : « Je laisse ta tante ici, car il est d'usage qu'il y ait toujours quelqu'un avec les fiancés. »

Elle parlait de ma tante comme si c'était une chaise. De fait, tante Ottavia se conduisait comme une chaise, muette, immobile. Elle ne détournait pas les yeux de son livre.

Mais elle était là. Et nous ne trouvions rien à nous dire, à cause de cette tête aux nattes laineuses, là, sous la lampe.

Tommasino s'entortillait les cheveux autour du doigt, et moi je tricotais.

Il me semblait impossible qu'il y ait eu une via Gorizia, une chambre avec un réchaud derrière

1. Jeu de cartes très populaire en Italie.

un rideau, sur lequel nous nous préparions parfois du café.

Nous allions souvent en ville. Mais nous n'allions plus via Gorizia. Nous évitions même d'emprunter cette rue.

Je ne savais même pas s'il avait gardé la chambre, s'il continuait d'en payer le loyer.

Nous évitions certains sujets. Nous parlions rarement du temps où nous nous retrouvions via Gorizia. Nous faisions tous deux comme si ce temps-là n'avait jamais existé.

Nous allions chez les marchands de meubles, chez les tapissiers, pour contenter ma mère.

Elle demandait à notre retour :

« Vous avez commandé un second bahut ? Vous vous êtes occupés du canapé ? »

Puis elle décida de nous accompagner chaque fois que nous descendions en ville. Elle marchait de son pas très lent, s'arrêtant à chaque vitrine, et les heures devenaient interminables.

Ma mère voulait, pour la Maison Ronde, des tableaux et des tapis. Elle voulait la remplir de fond en comble, afin qu'il n'y ait plus un centimètre carré de libre.

Et la nuit, quand elle avait du mal à s'endormir, elle laissait son imagination galoper, elle se déchaînait dans la Maison Ronde, elle abattait les murs, défonçait les carrelages, élevait des colonnes, des arcades, transformait les terrasses en salles de bains, et les salles de bains en terrasses.

Dans son demi-sommeil, elle renvoyait Betta. Betta avait dit à madame Bottiglia que Tommasino méritait une épouse plus belle et plus riche que moi, et madame Bottiglia l'avait aussitôt rapporté à ma mère. Aussi ma mère renvoyait Betta, imaginant une scène où elle la surprenait en train de voler. Elle n'avait pour Betta que peu de mots amers et graves. Elle la remplaçait par la vieille nounou, celle de Gemmina, lui promettant une forte augmentation de salaire. Et ce pour faire enrager Gemmina, qui lui était antipathique.

Gemmina nous avait invités à déjeuner, Tommasino et moi, et nous avait servi du lapin. Ma mère estimait que ça avait été un grand manque de respect. Le lapin était à ses yeux un plat banal, nullement indiqué pour fêter des fiançailles.

Un jour où ma mère lui avait rendu visite à la Maisonnette, se fatiguant les jambes dans la montée, Gemmina lui avait fourgué quatre billets pour l'exposition d'artisanat et un horrible napperon à festons qui coûtait huit cents lires.

Dans son demi-sommeil, ma mère chassait aussi Faluche de l'usine, je ne sais de quelle façon, et mettait Tommasino à sa place. Elle changeait toute l'organisation du travail et augmentait les salaires des ouvriers. Mais elle diminuait le salaire de Borzaghi, car Borzaghi lui déplaisait : elle s'était disputée un jour avec sa femme dans un magasin, parce que madame Borzaghi voulait être servie la première.

Dans l'excitation, ma mère avait oublié un peu ses maux ; quand elle s'en souvenait, elle imputait à Gemmina le catarrhe qu'elle sentait dans ses bronches à cause du jour où elle était allée à la Maisonnette et avait transpiré dans la montée, alors que le vent soufflait.

Parfois, Tommasino et moi étions invités à dîner aux Pierres. Tonton Tommaso hurlait en me montrant du doigt :

« Mais qui est-ce ? Qui est-ce ? »

Tatie Maria me claquait de gros baisers sur les joues et disait :

« Bien, bien ! »

Au retour, Tommasino me demandait :

« Tu es toujours aussi émue de voir Tatie Maria ? »

Et je disais :

« Beaucoup moins.

– Alors, disait-il, tu es devenue un peu comme moi, qui n'étais jamais ému de voir ta famille.

– Oui, disais-je, je suis peut-être devenue un peu comme toi. »

Et il me demandait :

« Mais tu es contente ? »

Et je disais :

« Oui. »

Les jours filaient à un rythme de plus en plus rapide, impétueux, profond, toute ma vie avançait en jouant du tambour. Ce tambour retentissait si fort en moi qu'il m'assourdissait.

Tommasino et moi allions nous promener dans la campagne. La neige commençait à fondre, mais il y en avait encore quelques traces, que le soleil teintait de rose.

Il disait : « C'est plus beau ici qu'au parc. Nous avons fait un tas de promenades dans ce parc, en ville. Et c'était plus beau ici, non ? »

Il disait : « Mais tu n'es pas contente. Tu n'es pas très contente, n'est-ce pas ? »

Je répondais : « Non, je ne le suis pas. »

J'étais toutefois incapable d'expliquer pourquoi.

Il disait : « Mais alors que veux-tu ? »

Il disait : « Tu voulais que je t'épouse, et je t'épouse. Que veux-tu d'autre ? »

Je disais : « Je ne sais pas. »

Il disait : « Comme tu es compliquée ! Comme les femmes sont compliquées et ennuyeuses ! »

Il disait : « Une de ces petites soirées dans le salon, avec tante Ottavia, nous attend chez toi ? »

Il disait : « Et demain, il faudra aller en ville avec ta mère regarder les canapés ? »

Il disait : « Si au moins tu étais contente ! Mais tu n'es même pas contente, et je ne comprends pas ce que tu veux ! »

Notre mariage était prévu au mois de juillet.

Nous étions descendus un après-midi en ville, sans ma mère, qui était restée à la maison, s'affairant autour d'un grand châle espagnol en dentelles noires dont elle voulait tirer une robe pour le mariage.

D'ailleurs, c'était le jour de la Fête-Dieu, tous les magasins étaient fermés et nous n'avions rien de particulier à faire. Tommasino devait juste passer un moment chez le tailleur pour le deuxième essayage du costume qu'il avait commandé, un tailleur dont Faluche lui avait donné l'adresse.

Nous sommes entrés chez le tailleur, et je me suis assise dans un petit salon en attendant. Tommasino est venu me montrer le costume, la veste couverte de faufilures, le col en toile.

Il allait et venait devant le miroir, et le tailleur le suivait, la bouche pleine d'épingles. C'était un costume sombre, qu'il porterait à la réception chez nous, le soir précédant le mariage.

Nous nous sommes ensuite promenés en ville et nous nous sommes retrouvés dans le parc ; Tommasino singeait le tailleur, qui prononçait les *a* comme des *e*, puisqu'il était de Bari.

Il a dit : « Faluche a sûrement une maîtresse originaire de Bari, car tous les gens dont il me donne l'adresse sont de Bari, le garagiste chez qui il m'a envoyé était lui aussi de Bari. »

Il a dit : « Je me demande d'où Faluche sort tous ces gens de Bari. »

Nous avions dîné la veille au soir à la Villa des Hirondelles. J'ai dit :

« Tu penses que Raffaella est heureuse avec Faluche ? »

Il a dit : « Non, je pense qu'elle est profondément malheureuse. Elle n'a que Pepè. »

Il a dit : « Comment veux-tu qu'elle soit heureuse avec Faluche ? »

J'ai dit : « Pourquoi n'essaies-tu pas de lui parler, de la faire parler ? De l'aider un peu ?

– Parce que je n'obtiendrais rien. Ou plutôt, si je lui parlais, si je la faisais parler, je la rendrais encore plus malheureuse. Crois-tu qu'il est possible d'aider les autres ?

« On ne peut rien faire pour les autres, a-t-il dit.

« Raffaella, a-t-il dit, ne pense pas qu'elle est malheureuse. Elle a enterré toutes ses pensées. Elle est malheureuse, mais elle fait en sorte de ne pas se le dire, pour pouvoir vivre.

« Et d'ailleurs, a-t-il dit, on finit toujours par vivre ainsi.

– Toi aussi, avec le temps, tu finiras par enterrer tes pensées ? C'est ce que tu crois ? ai-je dit.

– Bien sûr, a-t-il dit. D'ailleurs, d'une certaine façon, j'ai déjà commencé. Sinon, comment ferais-je ?

« Ces derniers mois, a-t-il dit, j'ai enterré un tas de pensées. Je leur ai creusé une petite fosse.

– Que veux-tu dire ? Ces derniers mois, depuis que tu t'es fiancé avec moi ? ai-je dit.

– Mais oui, bien sûr, a-t-il dit. Tu le sais bien. Nous ne nous disons presque plus rien. Nous gardons presque toujours le silence parce que nous avons commencé à enterrer nos pensées très profondément, très profondément en nous. Quand nous recommencerons à parler, nous ne dirons plus que des choses inutiles.

« Avant, a-t-il dit, j'avais envie de te dire tout ce qui me traversait l'esprit. Plus maintenant. Maintenant j'ai perdu l'envie de te raconter les choses. Ce que je pense, je me le raconte un moment, puis je l'enterre. Peu à peu, je ne me raconterai plus rien non plus. J'enterrerai toutes mes pensées immédiatement, avant même qu'elles ne prennent forme.

– Mais, ai-je dit, cela signifie être malheureux.

– Sans aucun doute, a-t-il dit, cela signifie être très malheureux. Mais cela arrive à un tas de gens. À un moment donné, on n'a plus envie de voir son âme en face. Parce qu'on a peur, en la regardant, de ne plus trouver le courage de vivre.

– Et tu as passé tous ces derniers mois à voir ce qui t'arrivait et à regarder comment cela arrivait ? ai-je dit. C'était ce à quoi tu pensais quand nous étions le soir dans le petit salon avec tante Ottavia ? Que tu tournais le dos à ton âme ?

– Bien sûr, a-t-il dit, c'était ce à quoi je pensais, dans le petit salon. À rien d'autre. »

Nous nous promenions dans le jardin, le long du fleuve. Il y avait du monde, du vacarme et de la musique. Un parc d'attractions était installé sur les pelouses, derrière le château.

Près de nous, les gens passaient, repassaient, se rassemblaient autour de la balustrade de pierre qui donne sur le fleuve et dévalaient le talus herbeux en criant et sifflant, car il y avait des régates ce jour-là.

Un tas de bateaux défilaient sur l'eau avec de petits drapeaux qui flottaient au vent. La guérite de l'embarcadère sur pilotis était elle aussi bourrée de gens et surmontée de drapeaux.

« Avant, a-t-il dit, quand nous nous retrouvions dans la chambre de la via Gorizia, j'avais toujours envie de te raconter ce que je pensais. C'était bien, c'était une grande liberté, un sentiment de grande respiration. Ces derniers mois, cette envie m'a totalement passé.

– Et tu penses qu'elle ne reviendra plus ? ai-je dit.

– Bien sûr, a-t-il dit, une fois qu'elle passe, comment peut-elle revenir ?

« Avant, a-t-il dit, je pouvais choisir de passer, ou non, un après-midi avec toi. Ces derniers mois, j'ai senti que je ne pouvais plus choisir, que je devais forcément aller chez toi, car j'avais choisi une bonne fois pour toutes. Je devais faire ce que tout le monde attendait que je fasse, ce que tu attendais toi aussi que je fasse. J'ai donc commencé à enterrer mes pensées. Je ne pouvais plus regarder mon âme en face. Pour éviter d'entendre mon âme crier, je lui ai tourné le dos, je me suis éloigné d'elle.

– Mais c'est horrible ! ai-je dit. Tu m'as dit des choses horribles.

– Tu ne savais donc pas que c'était horrible ? a-t-il dit. Mais si, tu le savais. Tu le savais, et tu as enterré cette certitude. Tu as fait, toi aussi, ce que tout le monde attendait que tu fasses. Tu es allée avec ta mère chez les tapissiers, chez les marchands de meubles, dans les magasins de linge. Pendant ce temps, tu entendais les longs cris de ton âme au fond de toi, mais de plus en plus éloignés, de plus en plus faibles, de plus en plus recouverts de terre.

– Alors, ai-je dit, pourquoi nous sommes-nous fiancés ? Pourquoi nous marions-nous ?

– Pour être comme tout le monde, a-t-il dit, pour faire ce que tout le monde attend que nous fassions.

« Ce que j'éprouvais pour toi n'était pas le grand amour, a-t-il dit. Tu le sais très bien, je te l'ai toujours dit, ce n'était pas un grand amour passionné, romantique. Mais c'était un sentiment intime et délicat, qui avait une plénitude, une liberté bien à lui. Seuls, toi et moi, via Gorizia, sans projets d'avenir, sans rien, nous avons été heureux à notre manière. Nous avons eu là-bas quelque chose, c'était peu, mais c'était quand même quelque chose. C'était une chose très légère, très fragile, prête à se défaire au premier souffle de vent. C'était une chose qu'on ne pouvait saisir et placer en pleine lumière sans qu'elle meure. Nous l'avons placée en pleine lumière, et elle est morte, nous ne la retrouverons jamais.

« Veux-tu que nous allions un moment via Gorizia ? a-t-il dit. J'ai gardé cette chambre, j'ai toujours payé le loyer. Je m'y rendais parfois, tu sais, quand tu étais avec ta mère chez la couturière, ou dans les magasins de linge. Je m'y rendais, je m'y reposais un peu et parfois je me faisais du café. Il y régnait un grand silence, une grande paix. »

« Veux-tu que nous y allions un moment ? a-t-il dit.

– Oh non, ai-je dit. Cela me rendrait trop mélancolique, Tommasino.

« Il n'y a qu'une vérité, ai-je dit. C'est que je suis amoureuse, pas toi.

« Je suis amoureuse, ai-je dit, maintenant, avant, toujours, et pas toi. Toi jamais. »

Nous sommes allés prendre l'autobus. Pas le dernier. Il était seulement cinq heures de l'après-midi, le soleil n'était pas près de se coucher.

À cette heure-là, l'autobus était presque vide. Nous nous sommes assis côte à côte. Nous n'avons plus parlé.

Le lendemain matin, je me suis levée et habillée tout doucement pour éviter que ma mère ne m'entende, puis je suis allée à la Maison Ronde.

Je n'y avais jamais été seule. J'y avais été avec ma mère, avec Gemmina et avec Raffaella plusieurs fois.

Tommasino est venu m'ouvrir. Il était déjà levé et habillé, bien qu'il fût tôt, il portait un gros pull-over gris, poilu, malgré la journée ensoleillée et chaude qui commençait.

« Salut, m'a-t-il dit sans manifester la moindre stupeur. Je suis malade, j'ai un rhume, j'ai peut-être eu un peu de fièvre cette nuit. Voilà pourquoi j'ai mis un pull. »

Il se tenait là, dans la salle à manger, son pull tombant sur ses hanches maigres, ses poignets remplis de mouchoirs.

À l'aide d'une petite éponge, il nettoyait le magnétophone.

« Tu veux parler un peu dans le magnétophone ? a-t-il dit. C'est intimidant d'entendre sa voix. Au début, je ne supportais pas ça, je trouvais ma voix odieuse, une voix de fausset. Puis je me suis habitué. Mais c'est intimidant. Essaie. »

J'ai dit : « Non. »

Assise, les mains dans les poches de ma veste, je le regardais. Je le regardais, je regardais sa tête, ses cheveux ébouriffés, son pull-over long et large, ses mains maigres toujours en mouvement.

« Je suis venue te rendre la bague », ai-je dit.

J'ai tiré de ma poche la bague ornée d'une petite perle qu'il m'avait donnée et qui avait appartenu à sa mère, madame Cecilia.

Il l'a prise et l'a posée sur la table.

« Tu ne veux plus m'épouser, a-t-il dit.

– Non, ai-je dit. Comment peux-tu penser que je veuille encore t'épouser après ce que nous nous sommes dit hier ?

– Hier, a-t-il dit, j'étais déprimé, j'étais pessimiste, je sentais peut-être la fièvre venir.

« Mais, bien sûr, a-t-il dit, tu as raison, c'est mieux comme ça. »

Je balayais la pièce du regard. J'ai dit :

« J'avais tout imaginé avec trop de clarté. Je nous avais imaginés, toi et moi, ici, dans cette pièce, dans cette maison. J'avais tout imaginé avec une très grande précision, jusqu'aux moindres détails. Et quand on voit les choses à venir avec autant de clarté, comme si elles se produisaient déjà, cela signifie qu'elles ne doivent pas se produire. Parce que, dans un certain sens, elles se sont déjà produites dans notre tête, et il n'est plus permis de les goûter vraiment. »

J'ai dit : « Il arrive la même chose les jours où l'air est trop clair, trop limpide, où l'on voit tous les contours marqués, nets, précis : cela annonce la pluie.

– Comme tu es calme ! a-t-il dit. Tu ne pleures pas, tu t'exprimes si calmement !

« Et moi, a-t-il dit, qu'est-ce que je vais faire ?

– Tu feras ce que tu as toujours fait, ai-je dit.

– Et toi, a-t-il dit, qu'est-ce que tu vas faire ?

– Je ferai moi aussi ce que j'ai toujours fait.

– Comme nous sommes calmes ! Comme nous sommes froids, paisibles, calmes !

« J'espère, a-t-il dit en entortillant ses cheveux autour de son doigt, que tu rencontreras un jour un homme meilleur que moi.

« Tu vois, a-t-il dit, il n'y a pas en moi de véritable élan vital. C'est ma plus grande lacune. Au moment de me lancer, je sens un frisson de dégoût. J'ai envie de me lancer, et j'ai ce frisson. D'autres ne prêteraient peut-être pas attention à ce genre de frisson et l'oublieraient immédiatement. Mais moi, je le conserve longtemps dans mon cœur.

« Car j'ai toujours l'impression, a-t-il dit, que les autres ont déjà vécu suffisamment avant moi. Qu'ils ont déjà consumé toutes les ressources, tout l'élan vital disponible. Les autres, Nebbia, Vincenzino, mon père. Il ne m'est rien resté.

« Les autres, a-t-il dit, tous ceux qui ont vécu dans ce village avant moi. J'ai l'impression de n'être que leur ombre. »

Il a dit : « Les premiers temps, après la mort de Vincenzino, je pensais que je mettrais à exécution ses projets. Il avait un tas de projets tout prêts pour l'usine, cantines, crèches, quartiers ouvriers. C'étaient des choses sages, réalisables, pas des rêves. Il n'a pas eu le temps de les réaliser. Je pensais que je le ferais.

« Et au lieu de ça, a-t-il dit, je n'ai été bon à rien faire. Je dis toujours oui à Faluche. Je n'ai pas envie de lui tenir tête, de me disputer avec lui. Je baisse le menton, je dis oui.

« Parfois, a-t-il dit, j'ai envie de quitter ce village. Pour trouver un peu d'élan vital.

« J'irai peut-être au Canada, a-t-il dit, à Montréal.

– Le Canada, ai-je dit, j'ignore comment c'est. Je l'imagine comme un endroit rempli de bois.

– Oui, a-t-il dit en riant. Il doit y avoir un peu de bois. Dans les forêts. »

On voyait, à travers les fenêtres, la Villa des Hirondelles. On voyait, dans le jardin, Faluche jouer au tennis avec le fils des Borzaghi.

« Le voici, a dit Tommasino en regardant à travers les vitres, le voici, ce beau Faluche. Lui, il a un bel élan vital. Il est stupide, mais il a un bel élan vital. Ou mieux, il ne l'a pas, mais il se conduit comme s'il l'avait, et il obtient les résultats qu'il désire.

« C'est peut-être justement parce qu'il est stupide, a-t-il dit, et qu'il ne s'est pas rendu compte que tout l'élan vital disponible, dans ce village, a déjà été utilisé.

« Comme les villages sont pesants ! a-t-il dit. Ils pèsent autant que le plomb, avec tous leurs morts. Comme notre village me pèse, si petit, une poignée de maisons ! Je ne peux jamais m'en libérer, je ne peux pas l'oublier ! Je l'emporterai même au Canada si je me retrouve là-bas !

« Ah, si tu étais originaire d'un autre village ! a-t-il dit. Si je t'avais rencontrée à Montréal, ou je ne sais où, si nous nous étions rencontrés et mariés ! Nous nous serions sentis si libres, si légers, sans ces maisons, ces collines, ces montagnes ! J'aurais été aussi libre qu'un oiseau !

« Mais si je t'emmenais à Montréal, a-t-il dit, ce serait comme ici, nous serions incapables d'inventer quoi que ce soit. Nous continuerions peut-être à parler de Vincenzino, de Nebbia, de Faluche. Cela équivaudrait à être ici.

« Et puis, je ne sais même pas si j'irai un jour à Montréal, a-t-il dit.

« Et maintenant, va-t'en », a-t-il dit. Il a pris mon visage entre ses mains. « Va-t'en, comme ça, sans pleurer, sans verser une seule larme. Va-t'en les yeux secs, bien ouverts, calmes. Car il ne vaut pas la peine de verser de larmes. Et je veux me souvenir de toi comme ça.

« Au revoir, adieu Elsa », a-t-il dit.

Et j'ai dit : « Au revoir, adieu, Tommasino. »

Puis je suis partie.

Les jours suivants, Faluche est venu expliquer à mon père que Tommasino et moi avions rompu nos fiançailles d'un commun accord et pour des raisons qui nous regardaient.

Faluche s'y connaît en ruptures de fiançailles. Il s'était déjà occupé de la rupture de Vincenzino avec la Brésilienne de *mamita*, de nombreuses années plus tôt.

Il a offert de l'argent à mon père pour les dépenses que nous avions faites. Mon père a froidement refusé et s'est vexé.

Mais il n'a pas gardé rancœur à Tommasino. Du reste, je lui ai dit moi aussi que nous avions décidé d'un commun accord de ne plus nous marier, pour des raisons qui nous regardaient, et qu'il n'y avait eu aucun tort, ni d'un côté ni de l'autre. Mon père n'arrive pas à se fâcher contre Tommasino, parce qu'il l'apprécie, il continue de l'apprécier, et il aimait bien le vieux Bouboule, il respecte sa mémoire.

Mon père a dit à ma mère de me laisser tranquille. Il a dit que les jeunes d'aujourd'hui ont des problèmes psychologiques très subtils, très compliqués, que la vieille génération, à laquelle ils appartiennent, ne peut pas comprendre.

Les premiers temps, toutefois, mon père était très abattu. Il a pris l'usine en grippe, il a décidé de ne plus y aller. Il a dit qu'il était vieux, qu'il ne voulait plus travailler, qu'il partait à la retraite. Il a juste gardé une petite activité de conseil, à Cignano, dans une société de ventes par adjudication.

À l'annonce de la rupture, ma mère a éclaté en sanglots et s'est évanouie, il a fallu appeler madame Bottiglia qui l'a assistée toute la nuit.

Puis elle a entrepris de ranger le linge de mon trousseau dans des armoires. Et, tombant un jour sur le châle espagnol auquel elle avait déjà cousu deux manches en velours et qui était désormais inutile, elle a de nouveau éclaté en sanglots et a longtemps pleuré.

De honte, elle a refusé pendant un certain temps, quelques mois, de sortir de la maison.

Au village, on a dit beaucoup de choses. On a dit que j'avais quitté Tommasino parce qu'en allant à la Maison Ronde au petit matin, je l'avais trouvé au lit avec la fille de Betta, qui n'a que quinze ans.

On a dit que je l'avais quitté parce que mon père, en qualité de notaire, avait découvert que l'usine périclitait.

On a dit qu'il m'avait quittée parce que j'avais trop d'amants.

On a dit qu'il m'avait quittée après s'être rendu compte que je prenais de la morphine avec Gigi Sartorio.

Je suis allée passer quelques mois à Lambrate, chez la sœur du cousin Ernesto.

Tommasino était parti lui aussi, mais pas pour Montréal. Faluche l'avait envoyé à Liverpool expédier des affaires pendant quelques mois.

Quand je suis revenue de Lambrate, on ne parlait déjà plus de moi ni de Tommasino, au village.

On parlait de Giuliana Bottiglia et de Gigi Sartorio, qui s'étaient mariés entre-temps et avaient emménagé dans une grande villa, loin du vieux général, qu'ils avaient abandonné.

Maintenant Tommasino est rentré. Le soir, je regarde les lumières de la Maison Ronde.

Il est rentré et je le rencontre parfois sur la place du village quand je vais poster des lettres.

Il me salue de sa façon habituelle, en portant la main à son front. Je le salue. Parfois il s'arrête et me demande :

« Comment ça va ?

– Bien, lui dis-je, merci. »

Et nous repartons dans deux directions opposées, moi le long du bois du général Sartorio, lui sur le sentier qui monte à la Maison Ronde.

Je rencontre parfois tatie Maria. Elle est en grand deuil depuis la mort de tonton Tommaso. De loin, elle me fait un signe et un large sourire de ses longues dents blanches.

Je rencontre parfois Gemmina qui ne m'adresse plus la parole. Et je rencontre parfois Raffaella en compagnie de Pepè.

Raffaella me salue. Elle m'arrête.

Elle dit : « Comme j'ai regretté que vous ne vous mariiez pas, Tommasino et toi ! »

Moi, je ne dis rien et je caresse les cheveux de Pepè.

Elle dit : « J'ai regretté parce que je te trouve très sympathique. Et Tommasino aussi est très sympathique. »

Je dis : « Oui. »

Elle me regarde, me regarde encore de ses grands yeux noirs et curieux en s'efforçant de comprendre.

Mais elle se distraie immédiatement et m'abandonne pour courir derrière Pepè. Elle agite encore la main vers moi au loin.

Je ne vois jamais Giuliana Bottiglia. Elle vit dans sa grande maison avec trois domestiques et un jardinier. On dit, au village, que Gigi couche avec le jardinier et les domestiques. Peu avec sa femme.

Madame Bottiglia dit à ma mère : « Giuliana et Gigi font plaisir à voir, tant ils sont heureux. »

Elle dit : « Gigi est tellement gentil, tellement gentil ! Il apporte toujours un cadeau à Giuliana de Paris ou de Londres. De Paris, un magnifique sac en crocodile.

– Et de Londres ? demande ma mère.

– De Londres, un service en argent. Théière, sucrier, pot à lait, trois pièces.

– Bien, dit ma mère.

– Style georgien pur, authentique, dit madame Bottiglia.

– Georgien ? De la Géorgie ?

– Mais non, pas de la Géorgie. Georgien, de George, explique madame Bottiglia.

– George ? Qui est-ce ?

– Un roi. »

Ma mère rentre à la maison et dit à mon père :

« Impossible de comprendre si ce Gigi Sartorio est un dépravé, ou pas. À entendre Netta, il aime énormément sa femme. Mais on dit au village qu'il couche avec le jardinier. Moi, je l'ai vu, ce jardinier, il est affreux, il a de longs poils noirs dans le nez. »

Elle dit, après avoir réfléchi un moment :

« Mais il est peut-être très viril. »

Nous sommes de nouveau en octobre.

Nous rentrons, ma mère et moi, de la Vigne, où nous sommes allées voir comment se déroulent les vendanges. Nous rentrons, ma mère marche très lentement, je la précède de quelques pas. Je porte, au creux de mon bras, un panier rempli de raisin muscat.

La nuit tombe et il commence à faire froid. Les réverbères se sont allumés au village. La terre du sentier a durci, l'herbe est voilée et humide, il souffle un vent mordant et cinglant, peut-être y aura-t-il bientôt de la neige.

Ma mère dit: «J'ai attrapé un torticolis, je me demande pourquoi. Je ne crois pas que ce soit le vent, je crois que je me suis retournée trop brusquement quand la fermière m'a appelée.»

Elle dit: «Notre nouvelle fermière, je ne me souviens jamais de son nom, s'appelle Drusbalda. Dans les campagnes, on a d'étranges idées pour les prénoms.»

Elle dit: «Ces gens ne semblent pas mal. Mais ils ne sont pas très propres. La maison, j'ai vu, n'était pas très propre. On m'a offert du café, qui a tourné au vinaigre dans mon estomac.

«Parce que la tasse n'était pas propre. Je l'ai bu à contrecœur.

«Un de ces jours, dit-elle, j'irai chez Giuliana voir sa théière.»

Elle dit: «Je me demande comment Giuliana a réussi à se marier, alors qu'elle est encore plus bête que ses sœurs.»

Elle dit: «Ce sont toujours les plus bêtes qui trouvent un mari. Les filles convenables n'en trouvent pas.»

Elle dit: «Tu sais, je ne suis pas allée à l'enterrement de tonton Tommaso. Tu étais à Lambrate. Ton père y est allé avec tante Ottavia. Pas moi. J'ai regretté de ne pas y aller, à cause de tatie Maria. Mais je n'en avais pas la force, je n'avais pas le courage de serrer la main de Faluche.»

Elle dit: «Je n'ai pas revu Faluche depuis la rupture. Je ne t'en parle pas, parce que ton père me l'a défendu. Mais je suis sûre que c'est la faute de Faluche. C'est lui qui a dressé Tommasino contre nous.»

Elle dit: «Tommasino est un faible, il manque d'entrain. Au fond, il vaut mieux que tu ne l'aies pas épousé. C'est un faible, il n'a pas de caractère, il n'a pas de personnalité bien définie. À l'usine, il n'a même pas de fonction précise. Il est assis à une table, parce qu'il est le fils de Bouboule, parce qu'il est le frère du pauvre Vincenzino. Vincenzino, lui, avait de l'autorité, de la fermeté. Mais, tu vois, son mariage à lui aussi a été un échec. Il est vrai que c'était la faute de sa femme. La dénommée Cate.»

Elle dit: «Alors, à cause de son caractère faible, Tommasino a écouté Faluche. Faluche lui a sans doute dit de chercher une fille plus riche qui n'avait pas de socialistes dans sa famille. »

Elle dit : « Car, que veux-tu, les propriétaires d'usine sont toujours terrifiés par les socialistes. Forcément. Ils font semblant de les apprécier, mais ce n'est pas vrai. Dès qu'ils sentent leur odeur de près, ils se sauvent comme des lapins, et bien le bonsoir. C'est la réalité maintenant. Autrefois c'était différent peut-être, par exemple le vieux Bouboule était socialiste. »

Elle dit : « Ton père ne veut pas que je t'en parle. Cela nous a causé un grand chagrin. Ton père se tait, mais il ne pense qu'à ça. Il voudrait à présent que nous nous installions à Cignano. Il a pris ce village en grippe. »

Elle dit : « Si nous nous installons à Cignano, je pourrai voir Olga, la fille de Nino Conversi. Je l'ai rencontrée l'autre jour sur la place du village et elle m'a dit qu'elle serait ravie que nous y allions. Elle a une fille de ton âge, vous pourriez jouer au tennis. Elle y joue, je crois. Et il y a aussi un garçon.

« Elle a dit que nous pourrions louer l'appartement qui est au-dessus de la pharmacie. Le propriétaire est le père de la dénommée Poupette, la veuve du pauvre Nebbia. »

Elle dit : « Ici, je louerai notre maison à quelqu'un. Bien sûr, il faudra vendre la salle à manger, qui est trop encombrante. Cela me désole, car elle appartenait à mon père. »

Elle dit : « Mais j'enverrai acheter la viande ici une fois par semaine. Ici, elle coûte beaucoup moins cher. Si je vends la salle à manger, j'achèterai un réfrigérateur. Giuliana en a un, ils en sont satisfaits. »

Elle dit : « Mais le beurre et les fromages sont meilleurs à Cignano. On y fait des tommes excellentes, des petits fromages ronds et salés. Un délice. »

Elle dit : « Cignano est un peu plus bas. C'est mieux, pour ma tension.

« Je me demande si Antonia voudra nous suivre à Cignano.

« Elle va peut-être se dire que l'air lui fera mal.

« Du reste, si elle ne vient pas, je m'en passerai. Avec un réfrigérateur, avec les commodités, on n'a pas besoin de domestiques.

« L'appartement qui est au-dessus de la pharmacie est petit, mais c'est un bijou. Je ne l'ai pas vu, c'est Olga, la fille de Nino, qui me l'a dit. »

Elle dit : « Si nous sommes à l'étroit, tu coucheras dans la même chambre que tante Ottavia. Elle ne te gênera pas, il suffit de la placer quelque part avec un livre, on ne l'entend même pas. »

Elle dit : « Y aura-t-il des placards ? Y aura-t-il de la place pour ma commode ?

« Dès que nous serons rentrées, je prendrai ma température. Il se peut que j'aie un peu de fièvre.

« Je me demande si je dois prendre de l'aspirine. D'habitude, je ne la digère pas. Quand j'en prends, c'est comme si j'avais du plomb dans l'estomac.

« Le seul défaut de cet appartement au-dessus de la pharmacie, c'est que le train passe tout près. Moi qui ai le sommeil très léger, comment dormirai-je ?

« Est-ce que la sonnette de la pharmacie nous réveillera la nuit ? Est-ce qu'elle sonne fort ?

« Mais ce sera pratique d'avoir la pharmacie en bas, il suffira de descendre quelques marches en cas de besoin.

« Je me demande si la pharmacie vend ce que je prends pour ma tension, à Cignano. »

20 mars – 12 avril 1961

Natalia Ginzburg, auteure de romans, de pièces de théâtre et d'essais, occupe une place centrale dans la littérature italienne de l'après-guerre, car elle témoigne sans pathos, avec une écriture innovante par son dépouillement, des difficiles années que l'Italie et particulièrement sa jeunesse viennent de traverser.

Née en 1916 à Palerme, d'un père triestin et d'une mère milanaise, Natalia Levi passe une partie de son enfance et son adolescence à Turin. Après s'être essayée à l'écriture de nouvelles, elle en soumet une, à l'âge de dix-sept ans, à un ami d'un de ses frères, Leone Ginzburg, critique littéraire d'origine russe qui, aux côtés de Giulio Einaudi et de Cesare Pavese, a participé à la fondation des éditions Einaudi C'est lui que Natalia va épouser et suivre à Aquila car Leone Ginzburg, anti-fasciste notoire, y demeure « confiné » entre 1940 et 1943. Lorsqu'il est libéré, il parvient à se rendre à Rome où il dirige le journal clandestin *L'Italia libera.* Arrêté avec une fausse carte d'identité dans une imprimerie clandestine, il est remis par les Italiens aux Allemands. Torturé dans la prison de Regina Coeli à Rome, il y meurt en février 1944.

Natalia retourne alors à Turin avec leurs enfants, et elle est engagée par la maison Einaudi, où avait paru pendant la guerre son premier roman, *La strada che va in città (La route qui mène à la ville).* Elle traduit les deux premiers volumes de *La Recherche, Madame Bovary* et *Le Silence de la mer.* Elle mène en parallèle son travail d'écrivain et publie en 1952 *Tutti i nostri ieri* (*Tous nos hiers*), et en 1961 *Le voci della sera* (*Les Voix du soir*), deux romans qui évoquent la génération qui a vécu son adolescence pendant les années de guerre. Mais c'est avec *Lessico famigliare (Les Mots de la tribu)* qu'elle gagne en 1963 le prix Strega. Deux ans plus tard elle commence à écrire des pièces de théâtre, et l'une d'entre elles, *L'Inserzione*, est adaptée par Luchino Visconti. Remariée, elle transfère son domicile à Rome et quitte les éditions Einaudi en 1983 car elle est élue à la Chambre des députés dans le Groupe des indépendants rattaché au parti communiste. Elle meurt en 1991 à Rome. Quelques mois avant sa disparition, elle rédige quelques feuillets, qu'elle intitule « Autobiographie à la troisième personne », où elle note d'un ton distancié et clinique les principales étapes de sa vie.

Achevé d'imprimer sur Roto-Page en septembre 2019
par l'Imprimerie Floch à Mayenne
N° d'impression : 95066
Dépôt légal : octobre 2019

Imprimé en France